우리학교 어린이 중국어

신소라·형순화·김미선 지음

중국어

1·2 통합

교사용 지도서

다락원

들어가는 말

학습 내용이 너무 적다고요? 중요한 건 반복입니다!

어린 자녀들을 둔 학부모이거나, 성인 중국어를 가르친 경험은 있지만 어린이에게 중국어를 가르친 경험은 없는 초보 초등 중국어 강사라면 처음 이 책을 봤을 때 '내용이 너무 적다'라는 생각이 드실 수 있습니다. 본 교재 1권 1과의 학습 목표는 새 단어 6개와 문장 6개 정도이고, 1권의 나머지 과의 학습량도 1과의 학습량과 크게 다르지 않으니까요.

초등학교 방과 후 학교나 다문화 수업 등의 형태로 이루어지는 어린이 중국어 수업에서는 보통 많은 내용을 다루기가 힘듭니다. 대부분의 초등학생들에게 중국어를 학습할 수 있는 기회는 일주일에 두 번, 각 40~50분 정도의 수업 시간 외에는 없기 때문입니다. 언어는 학습 시간의 간격을 줄이고 언어가 자연스럽게 노출되는 환경에서 반복적으로 예습과 복습이 이루어져야 단기간에 최대한의 학습 효과를 얻을 수 있습니다. 하지만 현실적으로 초등 중국어에서는 이러한 학습 환경 조성이 어려운 실정입니다. 따라서 이러한 환경에서 최대한 효율적으로 학습하기 위해서는 많은 양의 정보를 다루기보다는 하나의 표현이라도 집중적으로 반복 학습하여 그 표현을 완전히 익히고 그 다음 단계로 넘어가는 것이 중요합니다.

지루한 반복 학습 어떻게 해결할까요?

언어 학습에 있어 반복 학습은 매우 중요하다는 사실은 모두 알고 있습니다. 어른들은 반복 학습이 매우 지루한 과정이라고 생각합니다. 하지만 어른들의 생각과는 달리 어린이들은 나이가 어리면 어릴수록 반복 학습을 지루해하지 않습니다. 3~4세 유아를 키우는 부모님들은 아이에게 스스로 읽고 싶은 책을 선택하게 했을 때 같은 책을 반복해서 고르는 경우를 많이 보셨을 것입니다. 이렇듯 유아기에는 같은

방법으로 같은 내용을 학습하는 것을 즐거워하지만, 6~7세 정도의 어린이는 더 이상 그렇지 않습니다. 하지만 또 이 시기의 어린이는 같은 내용이라도 다른 방법으로 학습하게 하면 똑같은 내용의 학습이라는 것을 신경 쓰지 않습니다. 이것은 초등 1~2학년도 마찬가지입니다. 본 교재는 아이들의 이러한 특성을 고려하여 학습 내용을 최소로 집필하였고, 본 교재의 교사용 지도서는 학습의 어느 단계에서 같은 내용이지만 다른 방법의 학습을 적용할 수 있는지 가이드해 드리는 것을 목표로 집필하였습니다.

본 지도서 이렇게 활용하세요!

우리학교 어린이 중국어 1, 2권은 초등 저학년을 독자 대상으로 하여 집필한 책입니다. 교사용 지도서도 그에 맞게 구성하였습니다. 하지만 교실 상황에 따라 3학년 이상의 학생들과 처음 이 책으로 수업하는 선생님들도 계실 수 있어, 이를 위해 별도로 저학년, 고학년을 고려한 활동 tip을 제시해 드렸습니다. 또한 수업은 즐겁지만 각종 서류 작업을 힘들어하시는 선생님들을 위한 '수업 계획서'와 '교수 학습 지도안' 작성 방법도 간단히 실어 보았습니다.

본 지도서가 선생님들의 수업 구성에 큰 도움이 될 수 있기를 바랍니다.

신소라, 형순화, 김미선

우리학교 어린이 중국어 **코너 소개**

말하기 시간

해당 과에서 꼭 배워야 할 핵심 표현이 담겨 있습니다.

새 단어

〈말하기 시간〉의 회화문을 구성하는 새 단어를 그림 카드 형식으로 실었습니다.

중국어 챈트

〈말하기 시간〉의 핵심 내용과 문장을 학습자들이 외우기 쉽게 챈트화하였습니다. 신나는 리듬에 맞춰 챈트를 반복하다 보면 자연스럽게 〈말하기 시간〉의 핵심 문장을 익힐 수 있습니다.

발음 알기 시간 / 발음 연습

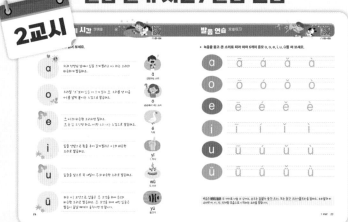

『우리학교 어린이 중국어 1』에서는 단운모 a o e i u ü와 성모의 음가를 이해하는 것에 중점을 두었고, 『우리학교 어린이 중국어 2』에서는 단운모를 제외한 나머지 운모의 음가를 이해하는 것에 중점을 두었습니다.

〈발음 연습〉은 〈발음 알기 시간〉에서 학습한 병음을 한 번 더 쓰는 코너입니다.

말하기+시간

해당 과의 주제에서 확장하여 학습하기 좋은 문장과 관련된 단어와 표현 등을 정리했습니다.

문제 풀이 시간

문제를 풀어 보며 1교시부터 3교시까지 학습한 내용을 다시 한 번 확인하는 코너입니다.

5교시 쓰기 시간

해당 과에서 중요한 한자 하나를 선정해, 그 유래를 그림과 함께 자세히 설명하여 한자에 대한 이해를 돕도록 구성하였습니다.

방과 후 1교시 함께 놀아요

집중해서 학습해야 하는 시간이 아닌 비교적 자유로운 분위기에서 학습할 수 있는 활동을 제시하였습니다.

방과 후 2교시 함께 읽어요

해당 과와 관련 있는 중국 문화를 소개하여, 중국 문화에 대한 이해를 도울 수 있도록 했습니다. 학습에 대한 흥미를 유발하는 동시에 학습에서 오는 긴장감을 다소 풀어 주기 위해 마련한 코너입니다.

본 교재 한 과의 학습은 크게 **회화 연습**, **발음 연습**, **학습 후 확인 활동** 이렇게 세 가지로 나눌 수 있습니다. 아래의 순서와 같은 흐름으로 학습을 진행합니다.

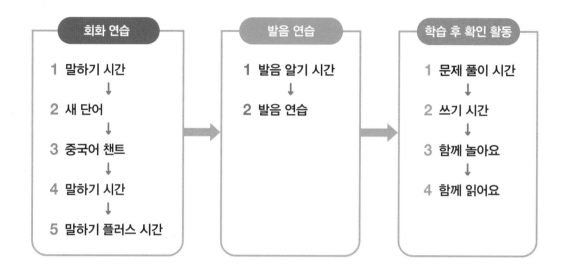

회화 연습	발음 연습	학습 후 확인 활동
1 말하기 시간 ↓ 2 새 단어 ↓ 3 중국어 챈트 ↓ 4 말하기 시간 ↓ 5 말하기 플러스 시간	1 발음 알기 시간 ↓ 2 발음 연습	1 문제 풀이 시간 ↓ 2 쓰기 시간 ↓ 3 함께 놀아요 ↓ 4 함께 읽어요

회화 연습

1 말하기 시간
듣고, 뜻을 유추하고, 듣고 따라 하기 위주의 활동

두 명 이상의 등장인물이 대화하는 구성으로, 다음과 같은 순서로 활용할 수 있습니다.

(1) 대화문 내용 소개

학생들에게 대화문의 내용을 전반적으로 소개하고 들려줍니다.

(2) 반복해서 들려주기

대화문을 한 줄씩 끊어서 들려주며 학생들이 좀 더 집중해서 들을 수 있도록 유도합니다.

(3) 한 문장씩 따라 하기

한 문장씩 들려주며 따라 하게 합니다. 이 단계까지는 문장이나 단어의 뜻을 설명하지 않고 들리는 대로 따라 하는 것에 집중할 수 있도록 합니다.

(4) 대화 내용 유추하기

〈말하기 시간〉의 배경 그림을 보고 대화의 내용이 어떤 내용인지 학생들로 하여금 유추하게 하여 그 의견을 들어 본 뒤, 선생님이 그 내용을 정리하여 어떤 주제로 말하고 있는지 설명합니다.

2 새 단어
문장을 구성하는 단어의 뜻을 이해하고 암기하는 활동

본책 〈새 단어〉 코너에서 다룬 단어를 그림 카드 형식으로 만들어 제공합니다. 카드의 한쪽 면은 그림이고 다른 면은 중국어(한자와 병음)로만 구성되어 있을 뿐, 단어의 한글 해석이 들어가지 않습니다. 교사용 지도서 14쪽에 안내되어 있는 활용법을 참고하여 수업 시간에 활용할 수 있습니다.

(1) 단어 뜻 유추하기

단어 카드의 그림을 보며 해당 중국어 단어가 어떤 뜻인지 학생들이 유추하여 발표하게 한 후, 정확한 단어의 뜻을 선생님이 설명해 줍니다.

(2) 반복하여 암기하기

단어의 뜻을 정확히 이해하고 암기할 때까지 반복하여 연습하도록 합니다.

(3) 단어 조합하여 문장 말하기

단어를 조합하여 말하기 코너에서 다룬 핵심 문장을 만들어 보고, 핵심 표현들의 뜻을 명확하게 이해할 수 있도록 합니다.

3 중국어 챈트
회화와 단어의 뜻을 챈트를 통해 암기하는 활동

〈말하기 시간〉과 〈새 단어〉 코너에서 학습한 내용을 정확히 이해한 후 챈트를 통해 해당 표현을 정확히 암기하는 것이 중국어 챈트 학습의 목표입니다. 다만 챈트의 리듬감이 자연스러운 회화 발화에 방해 요소로 작용할 수 있습니다. 따라서 반드시 회화문을 정확한 발음으로 여러 번 연습한 후 챈트 학습을 시작하여, 챈트의 리듬으로 인한 부작용을 최소화하여야 합니다.

(1) **학습할 챈트 제시**

챈트를 전체적으로 한 번 들려줍니다.

(2) **챈트 따라 하기**

한 줄씩 따라 읽게 합니다.

(3) **선생님과 함께 챈트 읽기**

선생님과 학생들이 함께 챈트를 큰 소리로 천천히 읽습니다.

(4) **선생님은 큰 소리로, 학생들은 작은 소리로 챈트 읽기**

선생님의 올바른 발음을 듣고 따라하기에 그 목적이 있습니다.

(5) **선생님은 작은 소리로, 학생들은 큰 소리로 챈트 읽기**

학생들이 올바른 발음으로 읽고 있는지 선생님이 체크하는 동시에 학생들에게 올바른 발음을 알려 주는 데에 그 목적이 있습니다.

(6) **챈트 외우기**

① 학생들 스스로 챈트를 외울 수 있는 시간을 줍니다.

② 충분한 시간을 준 후 선생님이 먼저 홀수 줄을 외우고, 학생들은 짝수 줄을 외웁니다.

③ 역할을 바꿔 선생님이 짝수 줄을 외우고, 학생들은 홀수 줄을 외웁니다.

④ 학생들이 모든 챈트를 외웁니다.

> ★ 처음부터 챈트 전체를 외우게 하는 것보다는 역할을 주어 먼저 일부만 외우게 함으로써 학습의 부담감을 줄여주는 데에 그 목적이 있습니다.

⑤ 교재에 실린 우리말 해석을 보고 챈트를 외웁니다.

⑥ 선생님이 말하는 우리말 해석을 듣고 중국어로 바꿔 봅니다.

(7) **챈트와 함께 할 수 있는 추가 활동**

① 여러 가지 목소리로 챈트를 외워봅니다.

> ★ 약간의 변화를 주며 챈트를 반복 연습하게 하여 표현력을 키우는 데 그 목적이 있습니다.
> **예** 아기 목소리로 챈트 외우기 | 아빠 목소리로 챈트 외우기 | 상냥한 목소리로 챈트 외우기

② **챈트+손 유희** : 챈트의 내용과 어울리는 율동을 통해 챈트를 좀 더 쉽게 암기할 수 있습니다.

③ **챈트+게임** : 챈트를 다 외운 후 챈트와 연계하여 게임을 진행함으로써 챈트 암기를 더욱 공고히 할 수 있습니다. 동시에 학습 수단으로서의 성격이 강한 챈트를 놀이적인 측면이 짙은 게임과 함께 함으로써 학습에서 오는 긴장감을 다소 해소할 수 있습니다.

> **예 ❶ 챈트 릴레이 게임**
> 학생들을 몇 개의 조로 나눈 다음 각 조원이 한 줄씩 번갈아 가며 말합니다. 챈트를 가장 정확하고 빠르게 발음한 조가 승리합니다.
>
> **❷ 챈트의 일부를 말하지 않는 게임**
> 챈트의 한국어 부분을 말하지 않고(무음으로 박자만 맞추기) 챈트를 처음부터 끝까지 불러 볼 수 있습니다. 챈트의 특정 단어를 말하지 않고 처음부터 끝까지 불러 보기 등 다양한 방법을 활용할 수 있습니다.

4 말하기 시간
1에서 3까지의 과정을 통해 암기하고 외운 표현들을 활용하는 활동

앞서 설명한 학습 순서를 다시 한번 정리하면,

1 말하기 듣고 읽고 해석하고 따라 말하는 활동 위주의 학습

2 새 단어 문장을 구성하는 단어의 뜻을 파악하고 단어를 조합하여 문장을 완성하는 활동 위주의 학습

3 챈트 말하기와 새 단어로 학습한 문장을 챈트를 통해 완전히 암기하는 활동

상단에 제시된 순서대로 학습했다면, 다음 네 번째 활동은 다시 〈말하기 시간〉의 회화로 돌아가 챈트가 주는 리듬감을 털어 버리고 좀 더 자연스러운 회화의 느낌으로 발음을 다듬어 문장을 연습합니다. 문장을 연습하고 실제 회화의 느낌을 살려 다시 한 번 암기합니다. 그리고 학생들에게 각각의 역할을 주어 역할극을 하는 것처럼 자연스럽게 문장을 활용할 수 있도록 돕습니다.

5 말하기 플러스 시간
〈말하기 플러스 시간〉에서는 〈말하기 시간〉에서 다루지 못했던 부분을 좀 더 보충하여 다루는 코너입니다. 주로 한 과 안에서 같은 주제로 단어 확장이나 문장의 확장을 다룹니다. 형식은 단어 제시, 회화문 제시, 챈트 제시 등 정해진 형식이 아니라 다양하게 구성하였습니다.

〈말하기 플러스 시간〉은 주로 확장 활동을 제시하는 코너입니다. 같은 학년이라도 교실 환경이나 학생들의 학습 경험에 따라 학습 속도에 차이가 있을 수 있습니다. 이러한 경우 〈말하기 플러스 시간〉을 통해 학습의 밀도와 완급을 조절하면 됩니다. 즉 한 과의 모든 내용을 완전히 밀도 있게 학습하기 어려운 상황일 경우에는 우선 〈말하기 시간〉의 학습 내용을 한 과에서 반드시 다루고 완전히 암기해야 할 제1차 학습 목표로 삼습니다. 그리고 〈말하기 플러스 시간〉의 학습 내용은 추가적으로 알아 두면 좋은 제2차 학습 목표로 설정하여 수업을 구성할 수 있습니다.

발음 연습

1 발음 알기 시간/발음 연습

〈발음 알기 시간〉은 중국어 병음의 음가를 정확히 이해하고 읽는 것에 그 목적이 있습니다. 『우리학교 어린이 중국어 1』에서는 단운모와 성모를, 『우리학교 어린이 중국어 2』에서는 단운모가 아닌 나머지 운모들의 발음 방법을 설명하고, 각 병음을 포함하고 있는 단어들을 제시하였습니다. 〈발음 알기 시간〉에 제시된 단어들은 단어의 뜻을 이해하고 활용하는 것보다는 병음으로 읽고 쓸 수 있는 것이 학습의 목적입니다.

다음의 순서에 따라 학습합니다.
(1) 오늘 학습할 4~5개의 병음을 제시합니다.
(2) 각 병음이 어떤 소리를 가지고 있는지 설명합니다.
(3) 선생님은 해당 병음이 들어 있는 단어를 말하고, 학생들은 선생님이 말한 단어에서 오늘 학습한 병음 중 어떤 병음이 있는지 말해 봅니다.
(4) 병음의 음가를 정확히 이해했으면, 교재에 병음의 예시로 제시된 단어를 어떻게 읽는지 학생들 스스로 읽어 보도록 합니다.
(5) 학생들의 병음 읽기에 오류가 있다면 선생님이 정정해 줍니다.
(6) 선생님은 오늘 학습한 병음을 말하고, 학생들은 교재에 예시로 된 단어 중 그 병음이 있는 단어를 말합니다.
(7) 병음과 단어를 반복하여 연습합니다.
(8) 〈발음 연습〉에 있는 병음과 단어를 읽으면서 써 봅니다.

1 문제 풀이 시간

해당 과에서 배운 내용을 문제 풀이로 확인하는 학습의 마지막 단계입니다. 보통 한 개의 발음 문제와 두 개의 회화 문제로 구성되어 있습니다.

2 쓰기 시간

중국의 글자는 한자입니다. 우리학교 어린이 중국어의 1, 2권은 병음 위주의 표기 방식과 학습이 진행되는 단계입니다. 초급 단계에서 어린 학생들은 종종 병음을 중국의 글자로 착각하는 경우가 있습니다. 쓰기 시간 코너는 한자의 존재감을 더 부각시키는 효과를 줄 수 있습니다. 또한 한 개의 한자에 대해 집중적으로 설명함으로써 단순 쓰기 활동보다 좀 더 흥미롭게 한자를 익히고, 오래 기억하는 데 도움을 주고자 하였습니다.

3 함께 놀아요

〈말하기 시간〉에서 〈쓰기 시간〉까지 학습 위주의 시간이었다면 〈함께 놀아요〉는 이미 배웠던 학습 내용을 바탕으로 하는 만들기, 신체 활동, 조별 활동, 그리기 등을 통해 학습의 긴장감을 해소하는 동시에 해당 과에서 배운 내용을 정리하는 코너입니다. 〈함께 놀아요〉 코너에서 만들기, 그리기 등 앉아서 이루어지는 정적인 활동을 할 때에는 손을 움직이면서 생각을 정리할 수 있도록 해당 과에서 배운 회화나 챈트, 노래 등을 들려주며 활동을 진행하면 효과적인 정리 학습이 될 수 있습니다.

4 함께 읽어요

〈함께 읽어요〉는 각 과의 주제와 관련된 중국의 문화를 소개하는 코너입니다. 각 과의 맨 마지막 코너이지만, 각 과를 여는 처음의 순서로 활용할 수도 있습니다. 각 과의 도입 시에 〈함께 읽어요〉를 활용한다면, 학생들이 학습 주제를 유추해 볼 수 있도록 하고, 학생들의 학습 흥미를 유발시킬 수 있습니다. 만약 각 과의 마무리에 이 코너를 학습한다면 학습한 주제를 생각하며 학습한 내용을 수렴하는 용도로 활용할 수 있을 것입니다.

우리학교 어린이 중국어 **단어 카드 활용하기**

『우리학교 어린이 중국어』의 〈새 단어〉 코너에서 나온 단어를 단어 카드로 정리했습니다. 선생님께서는 수업 시간에 활용할 수 있고, 학생들은 간편하게 휴대하며 단어를 복습할 수 있습니다.

◆ 교사용

단어 카드를 출력한 후 가운데 점선을 따라 반으로 접어서 활용하세요.

◆ 학생용

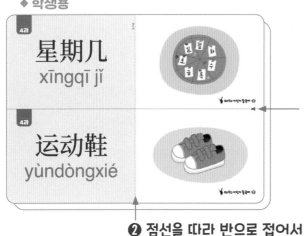

❶ 단어 카드를 출력한 후 가위가 표시된 가운데 선을 따라 잘라주세요.

❷ 점선을 따라 반으로 접어서 활용하세요.

- 단어 카드 PDF는 '다락원 홈페이지(www.darakwon.co.kr)'의 검색창에서 '우리학교 어린이 중국어'를 입력 후 '도서 상세페이지→일반 자료→단어' 클릭 시 다운로드할 수 있습니다.

우리학교 어린이 중국어 1

교사용 지도서

『우리학교 어린이 중국어 1』의 주제는 **자기소개**입니다.
첫 번째 학습 목표는 1과에서 10과까지 배운 표현을 활용하여 친구들과 선생님께 인사한 후 자기
소개를 할 수 있게 하는 것입니다. 중국어로 나의 이름과 나이, 국적을 소개하고, 더 나아가 가족의
나이와 국적, 좋아하는 동물 등에 대해 간단하게 발표할 수 있습니다. 두 번째 학습 목표는 성조와
병음의 기본 개념을 익히고 병음 중 단운모와 성모의 음가를 익힐 수 있도록 하는 것입니다.

연간 학습 계획표 짜기

일반적으로 초등학교에서의 중국어 학습 활동은 방과 후 중국어와 창의적 체험 활동_다문화 시간 두 가지 방향에서 이루어지고 있습니다. 『우리학교 어린이 중국어』 시리즈는 두 가지 방향의 수업 시간과 내용을 모두 고려하여 집필된 책으로, 보통 한 과의 수업을 4차시에서 6차시 정도로 수업하는 것으로 설계하였으나 학습자의 이해 정도 및 수업 진행 상황에 따라 탄력적으로 조정하여 지도하실 수 있습니다.

『우리학교 어린이 중국어 1』 학습 계획표

주제	차시	단계	학습 내용
예비 단원			
중국과 중국어 알기	1차시	중국 소개	중국은 어떤 나라일까요?
		성조	성조는 무엇일까? | 1성, 2성, 3성, 4성 알기 | 성조 챈트 배우기
	2차시	병음	병음은 무엇일까? | 병음 노래 배우기
		간체자	번체자와 간체자 알기
제1과 你好!			
인사	1차시	말하기	만났을 때와 헤어질 때 하는 인사 표현 배우기
		새 단어	본문 속 새 단어 배우기
	2차시	챈트	본문 문장을 챈트로 배우기
		발음	운모 a o e i u ü 발음 학습 및 쓰기
	3차시	말하기 플러스	好와 见이 들어가는 다른 인사말 배우기
		문제 풀이	발음 및 1과 본문과 관련된 문제 풀며 익히기
	4차시	쓰기	한자 好의 뜻 알아보고 써 보기
		활동/문화	중국어 인사 카드 놀이 | 중국 사람들은 어떻게 인사할까요?
제2과 你叫什么名字?			
이름	1차시	말하기	이름 묻고 답하기
		새 단어	본문 속 새 단어 배우기
	2차시	챈트	본문 문장을 챈트로 배우기
		발음	성모 b p m f 발음 학습 및 쓰기
	3차시	말하기 플러스	교재 속 캐릭터들의 중국어 이름 알아보기
		문제 풀이	발음 및 2과 본문과 관련된 문제 풀며 익히기
	4차시	쓰기	한자 叫의 뜻 알아보고 써 보기
		활동/문화	중국어 이름표 만들기 | 아빠, 엄마의 성씨 모두 쓸 수 있어요!

제3과 你几岁?

나이	1차시	말하기	나이 묻고 답하기
		새 단어	본문 속 새 단어 배우기
	2차시	챈트	본문 문장을 챈트로 배우기
		발음	성모 d t n l 발음 학습 및 쓰기
	3차시	말하기 플러스	중국의 손가락 숫자 표현 배우기 | 1~10까지 숫자 말하기
		문제 풀이	발음 및 3과 본문과 관련된 문제 풀며 익히기
	4차시	쓰기	한자 多의 뜻 알아보고 써 보기
		활동/문화	숫자만큼 모여라! | 중국 사람들이 사랑하는 숫자는?

제4과 他是谁?

가족 1	1차시	말하기	누구인지 묻고 답하기
		새 단어	본문 속 새 단어 배우기
	2차시	챈트	본문 문장을 챈트로 배우기
		발음	성모 g k h 발음 학습 및 쓰기
	3차시	말하기 플러스	가족 명칭과 구성원 묻고 답하기
		문제 풀이	발음 및 4과 본문과 관련된 문제 풀며 익히기
	4차시	쓰기	한자 人의 부수자와 他、她 알아보고 써 보기
		활동/문화	他와 她를 구별해요 | 소황제, 이제는 옛말

제5과 做朋友

친구 하자!	1차시	말하기	1~4과의 학습 문장을 활용한 본문 배우기 | 새 단어 배우기
		챈트	본문 문장을 챈트로 배우기
	2차시	노래	노래 '找朋友' 배우기
		활동	교재 속 등장인물을 그림에서 찾고 '找到了!'라고 말하기

제6과 你家有几口人?

가족 2	1차시	말하기	가족 수 묻고 답하기
		새 단어	본문 속 새 단어 배우기
	2차시	챈트	본문 문장을 챈트로 배우기
		발음	성모 j q x 발음 학습 및 쓰기
	3차시	말하기 플러스	할아버지, 할머니, 외할아버지, 외할머니 단어 배우기
		문제 풀이	발음 및 6과 본문과 관련된 문제 풀며 익히기
	4차시	쓰기	한자 家의 뜻 알아보고 써 보기
		활동/문화	가족 단어로 빙고 놀이 | 하느님도 부처님도 할아버지?!

제7과　你是哪国人?

나라	1차시	말하기	국적 묻고 답하기
		새 단어	본문 속 새 단어 배우기
	2차시	챈트	본문 문장을 챈트로 배우기
		발음	성모 zh ch sh r 발음 학습 및 쓰기
	3차시	말하기 플러스	세계 여러 나라의 명칭 알아보기
		문제 풀이	발음 및 7과 본문과 관련된 문제 풀며 익히기
	4차시	쓰기	한자 不의 뜻 알아보고 써 보기
		활동/문화	박자에 맞춰 나라 이름 말하기 | 중국의 국기는 오성홍기

제8과　我喜欢猫，你呢?

동물	1차시	말하기	좋아하는 동물 묻고 답하기
		새 단어	본문 속 새 단어 배우기
	2차시	챈트	본문 문장을 챈트로 배우기
		발음	성모 z c s 발음 학습 및 쓰기
	3차시	말하기 플러스	다양한 동물과 아기 동물의 명칭 알아보기
		문제 풀이	발음 및 8과 본문과 관련된 문제 풀며 익히기
	4차시	쓰기	한자 喜의 뜻 알아보고 써 보기
		활동/문화	쌍희자(囍) 만들기 | 귀염둥이 판다는 발가락이 6개?

제9과　你吃什么?

음식	1차시	말하기	무엇을 먹고 마시는지 묻고 답하기
		새 단어	본문 속 새 단어 배우기
	2차시	챈트	본문 문장을 챈트로 배우기
		발음	성모 전체 학습 및 쓰기
	3차시	말하기 플러스	다양한 마실 것과 먹을 것의 명칭 알아보기
		문제 풀이	발음 및 9과 본문과 관련된 문제 풀며 익히기
	4차시	쓰기	한자 口의 뜻 알아보고 써 보기
		활동/문화	단어 찾기 | 중국에는 짜장면이 있다? 없다?

제10과　自我介绍

자기소개	1차시	말하기	6~9과의 학습 문장을 활용한 본문 배우기 | 새 단어 배우기
		챈트	본문 문장을 챈트로 배우기
	2차시	노래	노래 '王老爷爷有块地' 배우기
		활동	동물과 울음소리 찾기

『우리학교 어린이 중국어 1』의 각 과를 학습할 때 다음과 같은 활동을 참고하여 학습 계획을 세워 봅니다.

 제1과 你好! 안녕!

1교시 말하기 시간 第一课 본책 22~23쪽

◆ **스토리텔링**

본책 22~23쪽 도입 시, 다음과 같은 이야기를 들려주며 회화 내용을 소개할 수 있습니다.

수민이와 삔빈이는 놀이터에서 우연히 만났어요. 수민이는 같은 또래로 보이는 삔빈이를 보고 친구가 되고 싶어서 먼저 인사를 했어요. 어떻게 인사할까요? "你好!"라고 인사해요. 따라 해 볼까요? 你好!

낸시와 나나는 서로 친구예요. 파란 눈과 금발 머리의 낸시는 미국 사람이고, 까만 눈에 까만 머리의 나나는 중국 사람인데 같은 학교에 다니고 있어요. 놀이터에서 같이 놀다가 헤어지려고 하는데 두 사람은 서로 어떻게 인사할까요? "再见!"이라고 인사해요. 따라 해 볼까요? 再见!

◆ **활동** 두 줄로 원을 만들어 돌며 인사하기

你好!와 再见!을 충분히 익힌 후 다음과 같은 활동을 할 수 있습니다. 다수의 학생이 안전하게 활동할 수 있도록 교실의 충분한 공간과 기타 여건이 확보되어 있는지 먼저 확인합니다.

활동 방법

❶ 학생들이 서로 손을 잡고 안쪽 원과 바깥쪽 원 이렇게 두 줄로 두 개의 원을 만들도록 합니다.

❷ 병음 song(본책 19쪽)을 부르며 안쪽 원은 시계 방향으로, 바깥쪽 원은 반시계 방향으로 빙글빙글 돕니다.

❸ 선생님이 신호를 보내면 움직임과 노래를 멈추고, 멈췄을 때 마주 보고 있는 학생에게 "你好!"라고 인사합니다.

❹ 다시 노래를 시작하며 두 개의 원이 서로 반대 방향으로 돕니다. 선생님이 신호를 보내면 다시 멈춰 서서 마주 보고 있는 학생에게 "你好!"라고 인사합니다.

❺ 학생들이 충분히 말해 볼 수 있도록 위의 과정을 반복합니다.

참고해 주세요

활동 tip ①

멈췄을 때는 '你好', 다시 움직일 때는 '再见' 등으로 마주 본 학생에게 두 가지 표현을 모두 사용할 수도 있습니다.

활동 tip ②

병음 song 대신에 다른 노래를 활용할 수 있습니다.

활동 tip ③

신체 활동을 할 때에는 학생들의 안전이 제일 중요합니다. 반드시 '얼음!' 또는 '停!'과 같은 '동작 정지 신호'를 정해서 학생들이 이 신호를 미리 숙지할 수 있도록 하여 필요할 때 활동을 멈추고 질서를 지킬 수 있도록 지도합니다.

본책 26쪽

◆ 발음 챈트

병음 a o e i u ü의 음가를 충분히 익힌 후 다음과 같은 챈트로 연습할 수 있습니다.

> 입을 크게 · 벌리고 · ā · ā
>
> 입술 모아 · 길게 내려 · ō · ō
>
> 턱을 · 내리며 · ē · ē
>
> 입술 양끝 · 힘을 주고 · ī, ī · ī
>
> 입술을 · 내밀고 · ū, ū · ū
>
> 계속 · 내밀면서 · ǖ, ǖ · ǖ
>
>
> 감탄하며 · 啊, 啊 · 궁금해서 · 哦, 哦
>
> 거위는 · 鹅, 鹅 · 숫자 1은 · 一, 一 · 一
>
> 숫자 5는 · 五, 五 · 물고기는 · 鱼, 鱼

◆ **회화 챈트**

老师好! / 大家好! / 再见! / 明天见!에 대한 설명과 함께 네 가지 인사를 충분히 발화시켰다면 추가로 다음과 같은 챈트 활동을 할 수 있습니다.

> 好 · 好 · 안녕 · 好
>
> 사람，好 · 만나면 · 인사가 · 돼요
>
> 老，老 · 老师 · 선생님 · 老师
>
> 선생님을 · 만나면 · 老师 · 好!
>
> 大，大 · 大家 · 여러분 · 大家
>
> 여러 명을 · 만나면 · 大家 · 好!
>
> 见 · 见 · 만나자 · 见
>
> 만날 시간 · 见도 · 헤어지는 · 인사 돼요
>
> 내일 · 明天 · 내일 만나 · 明天见!

✦ 참고해 주세요

활동 tip ①
챈트의 내용이 설명을 포함하고 있어 학생들은 다소 어렵게 느낄 수 있으니, 학생들의 상황에 따라서 챈트를 '외우기 용' 또는 '읽기 용'으로 선택 학습하여 수업의 난이도를 조절합니다.

제2과 你叫什么名字? 너의 이름은 뭐니?

◆ **스토리텔링**

본책 34~35쪽 도입 시, 다음과 같은 이야기를 들려주며 회화 내용을 소개할 수 있습니다.

새 학기가 되었어요. 1학년으로 막 입학한 친구들은 서로 서먹서먹해서 책상에 앉아 책만 보고 있어요. 괜히 커튼을 정리해 보며 만지작거리는 친구도 있고, 친구에게 이름을 물어보는 친구들도 있네요.

미국에서 온 낸시는 용기를 내 안경 쓴 친구에게 다가가 이름을 물어봐요. 你叫什么名字? 따라 해 볼까요? 你叫什么名字?

안경 쓴 친구는 "내 이름은 삔삔이야. 我叫彬彬。"이라고 대답했어요. 안경 쓴 친구의 이름은 '彬彬'이네요. 삔삔이는 다시 낸시에게 "너는? 你呢?"라고 되물어 봤어요. 낸시는 "我叫南希。"라고 대답해요. 낸시의 중국어 이름은 '南希'네요.

◆ **활동** 이름 알아맞히기

2과를 학습하기 전 학생들에게 자신의 한자 이름을 알아오는 것을 과제로 내 주고 선생님에게 미리 제출하게 합니다. 선생님은 학생들의 한자 이름을 간체자와 병음으로 적은 출석부를 준비한 후, 학생들의 한자 이름을 중국어 이름으로 부릅니다. 학생들은 선생님이 부르는 이름이 누구의 이름인지 추측하여 알아맞힙니다.

✦ **참고해 주세요**

활동 tip ①
저학년의 경우 자신의 이름을 한자로 쓰는 것을 힘들어할 수 있으므로 학부모의 도움을 받아 한자 이름을 전달받도록 합니다.

활동 tip ②
한글 이름이어서 한자 이름이 없는 학생들의 경우 학생의 의견을 물어 중국어 이름을 따로 만들어 주도록 합니다.

활동 tip ③
우리나라 한자의 독음과 중국어 발음이 비슷한 이름을 먼저 불러 학생들의 흥미를 불러일으킵니다. 그 다음에 발음이 유사하지 않은 이름을 불러 학생들이 보다 쉽게 맞힐 수 있도록 유도합니다.

◆ **발음 챈트**

병음 b p m f의 음가를 충분히 익힌 후 다음과 같은 챈트로 연습할 수 있습니다.

입술에서 · 나는 소리 · b p · m f

b p · m f · 소리 내 · 볼까요?

Bō ā · 爸爸 · 아빠 · 爸爸

Pō ā · 爬 · 오르다 · 爬

Mō ā · 妈妈 · 엄마 · 妈妈

Fō ā · 发 · 머리카락 · 发

爸爸 · 爬山 · 妈妈也 · 爬山

爸爸 · 理发 · 妈妈也 · 理发

챈트의 첫 두 줄은 b p m f의 소리 내는 방법을 운율에 맞춰 간단하게 요약한 것입니다. 챈트의 세 번째부터 여섯 번째 줄까지는 병음과 그 병음이 들어가는 단어를 연습할 수 있도록 구성하였습니다. 마지막 두 줄은 위에서 나왔던 단어를 사용해 의미가 있는 문장으로 연결한 것입니다.

참고해 주세요

활동 tip ①
챈트의 뒷부분으로 갈수록 난도가 높아집니다. 따라서 첫 번째 단락, 두 번째 단락, 세 번째 단락의 순서대로 가르치되 저학년은 보통 두 번째 단락까지만 학습할 수 있고, 고학년이라면 세 번째 단락까지 학습을 진행할 수 있습니다.

본책 40쪽

◆ **활동** 사다리 타고 등장인물의 이름 알아맞히기

교재 등장인물의 이름을 충분히 숙지한 후 다음과 같은 활동을 할 수 있습니다.

활동 방법

준비물 등장인물의 얼굴과 등장인물의 이름표

❶ 선생님은 수업 전에 교재 등장인물의 캐릭터 얼굴과 중국어 이름표를 만들어 둡니다.

❷ 수업 시간에 학생들과 등장인물의 중국어 이름을 함께 읽어봅니다.

❸ 선생님은 등장인물 이름표의 글자가 보이지 않도록 뒤집어서 칠판에 일렬로 붙이고, 그 아래에 게임용 사다리를 그립니다.

❹ 선생님은 학생들에게 등장인물의 얼굴 그림을 나누어 줍니다.

❺ 학생들은 사다리 아랫부분에 등장인물의 얼굴을 붙입니다.

❻ 선생님은 학생들과 함께 칠판에 붙여져 있는 이름표를 뒤집어 이름을 확인하고 사다리를 탄 다음 사다리 아래에 붙인 등장인물과 이름이 일치하는지 확인합니다.

❼ 이름표와 등장인물의 얼굴이 일치하여 정답을 맞힌 학생에게 점수를 줍니다.

참고해 주세요

활동 tip ①
개인별, 조별 게임으로 진행하여 승패를 가릴 수도 있습니다. 승패를 가릴 경우 학생들이 승패에 집착하지 않을 수 있도록 지도합니다.

제3과 你几岁? 너는 몇 살이니?

◆ **스토리텔링**

본책 46~47쪽 도입 시, 다음과 같은 이야기를 들려주며 회화 내용을 소개할 수 있습니다.

하림이와 하림이의 형은 책 읽기를 좋아해요. 두 사람은 같이 어린이 도서관에 갔어요. 어린이 도서관에 도착하자마자 하림이의 형은 책을 골라 자리를 잡고 책을 읽기 시작하네요. 하림이는 책을 고르려고 두리번거리는데, 마침 도서관에 먼저 와있던 나나가 하림이를 보고 "나는 여덟 살이야. 너는 몇 살이니? 我八岁。你几岁?"라고 말을 걸었어요.

천천히 선생님을 따라 나나처럼 말해 볼까요? 我八岁。你几岁? 하림이도 또래 친구가 반가운지 "나도 여덟 살이야. 我也八岁。"라고 바로 대답했어요.

나나는 한쪽에서 책을 읽는 하림이의 형을 보더니 또 물어봤어요. "네 형은 몇 살이니? 你哥哥多大?"그러자 하림이가 "형은 열 살이야. 他十岁。"라고 대답했어요. 아, 하림이의 형은 열 살이네요. 중국에서는 열 살보다 어려 보이면 나이를 물을 때 "几岁?"라고 묻고, 열 살보다 커 보이면 "多大?"라고 질문해요. 다시 한번 따라 해 볼까요? 你几岁? 你哥哥多大?

◆ **활동** 내 나이는 몇 살일까요?

본책 46~47쪽의 회화 내용을 완전히 익힌 후 다음과 같은 활동을 할 수 있습니다.

활동 방법

❶ 선생님은 뽑기 통에 1부터 10까지 숫자가 적힌 쪽지를 넣습니다.

❷ 학생마다 한 명씩 나와 뽑기 통에서 쪽지를 뽑아 숫자를 확인합니다.

❸ 자신이 뽑은 숫자를 중국어로 넣어 '我＿＿＿＿岁。'라고 대답합니다.

활동 tip ①

조금 더 게임 형식으로 만들고 싶다면, 가장 큰 수를 뽑은 학생 또는 자신의 나이와 일치하는 수를 뽑은 학생에게 점수를 주는 형식으로 진행할 수 있습니다.

활동 tip ②

과제를 좀 더 어렵게 구성하고 싶다면 다음과 같이 활동을 진행합니다.

❶ 선생님은 1부터 12까지의 숫자를 적은 쪽지를 뽑기 통 안에 넣습니다.
❷ 두 명의 학생이 한 팀을 이루어 뽑기 통 안의 숫자를 뽑고, 함께 어떤 숫자인지를 확인합니다.
❸ 뽑은 숫자가 1부터 9까지이면, 한 명의 학생은 '你几岁?'라고 질문하고, 또 다른 학생은 뽑은 숫자를 사용하여 '我＿＿岁。'라고 대답합니다.
❹ 뽑은 숫자가 10부터 12까지이면, 한 명의 학생은 '你多大?'라고 질문하고, 또 다른 학생은 뽑은 숫자를 사용하여 '我＿＿岁。'라고 대답합니다.

2교시 **발음 알기 시간** 学拼音 　본책 50쪽

◆ **발음 챈트**

병음 d t n l의 음가를 충분히 익힌 후 다음과 같은 챈트로 연습할 수 있습니다.

혀끝을 · 윗니에 대고 · d t · n l

윗니에서 · 혀를 떼며 · d t · n l

Dē, ā · 大 · 크다 · 大

Tē, ū · 兔子 · 토끼 · 兔子

Nē, āi · 奶奶 · 할머니 · 奶奶

Lē, ē · 乐 · 즐겁다 · 乐

兔子, 兔子 · 兔子 · 奶奶养 · 兔子

兔子 · 大了 · 奶奶 · 乐了

 **제4과 他是谁? 그는 누구니?**

◆ 스토리텔링

본책 58~59쪽 도입 시, 다음과 같은 이야기를 들려주며 회화 내용을 소개할 수 있습니다.

딩동댕동~ 학교 종소리가 울리고, 1학년인 우리 친구들은 수업을 마치고 교실에서 나와 교문을 향해 걸어가고 있어요. 수민이와 뻰빈이는 집이 같은 방향이에요. 두 친구는 집에 가기 위해 운동장을 가로지르고 있는데, 저기 멀리 수민이와 닮은 남자 어른이 교문 앞에서 손을 흔들고 있어요. 이를 본 뻰빈이가 수민이에게 "저 남자분은 누구니? 他是谁?"라고 물어봤어요. 중국에서는 '그, 그 남자'를 가리키며 말할 때 "他"를 사용해요. 모두 따라 해 볼까요? 他 수민이는 뻰빈이에게 대답했어요. "그는 우리 아빠야. 他是我爸爸。" 뻰빈이는 그 옆에 있는 여자분은 누구인지 궁금해서 또 물어보았어요. "저 여자분은? 她呢?" 중국에서 '그녀, 그 여자'를 가리키며 말할 때 "她"라고 해요. 그 남자는 他, 그 여자는 她, 소리는 같지만 글자가 조금 달라요. 수민이는 "그녀는 우리 엄마야. 她是我妈妈。"라고 대답했어요.

◆ 활동 사진 속 인물은 누구일까요?

他/她是谁? 라고 묻고 他/她是_____。 라고 대답하는 문장에 익숙해지기 위해 다음과 같은 활동을 할 수 있습니다.

활동 방법

❶ 학습자의 연령대에 맞춰 학생들이 좋아할 만한 연예인, 만화 캐릭터 등 다양한 인물 사진(이미지)을 준비합니다.

❷ 카드 혹은 PPT 등을 활용해 인물의 사진을 일부만 조금씩 보여줍니다. 사진의 일부를 단계별로 공개할 때, 선생님이 단계마다 "他是谁?"라고 묻고 학생들은 자신이 생각하는 인물의 이름을 넣어 "他/她是_____。"라고 대답합니다.

✦참고해 주세요

활동 tip ①
처음에는 전체 인물 사진의 아주 작은 부분을, 활동이 진행될수록 더 많은 부분을 보여 줍니다.

2교시 **발음 알기 시간** 学拼音   본책 62쪽

◆ **발음 챈트**

병음 g k h의 음가를 충분히 익힌 후 다음과 같은 챈트로 연습할 수 있습니다.

목 안쪽을 · 울려 봐요 · g k · h

트림하듯 · 울려 봐요 · g k · h

Gē ē · 哥哥 · 오빠, 형 · 哥哥

Kē ē · 可可 · 코코아 · 可可

Hē ē · 喝 · 마시다 · 喝

可可 · 可可 · 热可 · 可

哥哥 · 喝了 · 热可 · 可

热可 · 可 · 热可 · 可

哥哥 · 喜欢 · 热可 · 可

제5과 做朋友 친구가 되다

◆ **스토리텔링**

본책 70~71쪽 도입 시, 다음과 같은 이야기를 들려주며 회화 내용을 소개할 수 있습니다.

뻰빈이는 놀이터에서 처음 수민이를 만났을 때를 생각하며 일기를 쓰고 있어요. 수민이와 어떤 말을 했었는지 생각하며 이렇게 일기를 써요.

> 오늘 나는 놀이터에 갔다가 같은 또래의 여자아이를 보고 "안녕! 你好!"이라고 인사했는데 그 여자아이도 "你好!"라고 친절하게 인사해 주었다. 그래서 나는 먼저 "我叫彬彬。"이라고 자기소개를 하고 "你呢?"하고 그 여자애의 이름도 물어보았다. 그 여자애는 "我叫秀旻。"이라고 대답했다. 아, 이름이 수민이었구나!
>
> 같은 또래의 친구로 보여서, "나는 여덟 살이야, 너는? 我八岁, 你呢?"하고 물어보았더니 "나도 여덟 살이야. 我也八岁。"라고 수민이가 대답했다. 나는 너무 반가워서, "와, 우리 동갑이구나! 哇! 我们同岁。친구하자. 做朋友吧。"라고 말했다. 그러자 수민이는 상냥하게 "좋아! 好!"라고 말해주었다. 오늘은 새로운 친구를 사귈 수 있었던 날이라 정말 좋았다.

'같은 나이', '동갑'은 '同岁'라고 하고 '친구'는 '朋友'라고 해요. 우리 친구들도 옆에 있는 친구를 보고 '우리 동갑인데, 친구하자!'라고 말해 볼까요? 我们同岁。做朋友吧!

◆ **활동** 인사하고 악수하며 친구를 찾아요

교재 73쪽의 노래를 부르고 학생들이 가사의 뜻을 충분히 이해한 후 추가로 다음과 같은 활동을 할 수 있습니다.

❶ 교실의 학생들이 원 모양으로 둥그렇게 섭니다.

❷ 학생들 중 술래 한 명을 정하고, 그 술래는 원 바깥을 돕니다.

❸ 술래를 제외한 다른 학생들 모두 '找呀找呀，找朋友'
라고 외칩니다.

❹ 술래가 어떤 학생 앞에 멈춰 서면 모두 소리를 내
지 않고 조용히 합니다.

❺ 술래는 멈춰 선 바로 앞의 학생을 지목하여
'你是我的好朋友!'라고 말합니다.

❻ 술래와 지목당한 학생은 서로 가위바위보
를 합니다. 진 사람은 술래가 되고, 이긴 사
람은 원의 빈자리를 채웁니다.

❼ ①~⑥의 과정을 반복합니다.

참고해 주세요

활동 tip ①
활동 과정 ③을 진행할 때, 선생님의 시작 소리에 맞춰 다 같이 한꺼번에 외치도록 합니다.

활동 tip ②
학생들이 '找呀，找呀，找朋友'를 외치게 하는 대신, 선생님이 교재의 노래를 틀어 주고 학생들이
함께 부르게 할 수 있습니다. 술래가 한 학생을 선택해 그 뒤에서 멈추면 모두가 노래를 멈추고 술래
가 해당 학생에게 말을 건넬 수 있게 합니다.

활동 tip ③
좀 더 액티브한 활동을 원한다면 술래가 말을 건넬 학생을 지목한 후, 다음과 같은 순서로 활동을 진
행할 수 있습니다. (활동 방법 ❶과 ❷는 동일)

❸ 술래는 선택한 학생에게 '你是我的好朋有!'라고 말합니다.

❹ 술래의 말이 끝나자마자 술래에게 지목당한 학생은 원 바깥쪽에서 원을 따라 시계 방향으로 돕
니다.

❺ 그와 동시에 술래는 원 바깥쪽에서 반 시계 방향으로 돕니다.

❻ 술래와 술래가 선택한 학생은 각자 반대 방향으로 한 바퀴를 돌아 원래 해당 학생이 앉아 있던
자리로 돌아옵니다.

❼ 술래와 술래가 선택한 학생 중 나중에 도착하여 자리를 차지하지 못한 학생이 새로운 술래가 됩
니다.

제6과 **你家有几口人?** 너희 집 식구는 몇 명이니?

 본책 76~77쪽

◆ **스토리텔링**

본책 76~77쪽 도입 시, 다음과 같은 이야기를 들려주며 회화 내용을 소개할 수 있습니다.

지금은 미술 시간이에요. 친구들은 가족의 얼굴을 그리고 있어요. 옆자리 짝꿍인 나나와 낸시는 각자 그림을 그리다가 문득 궁금해져서 서로의 가족에 대해 물어봐요. 나나가 먼저 낸시에게 "너희 집 식구는 몇 명이니? 你家有几口人?"이라고 물어봤어요. 낸시는 "우리 집 식구는 다섯 명이야. 我家有五口人。"이라고 대답했어요.

그러고 나서 가족 그림을 그린 스케치북을 나나에게 보여 주며 가족 소개를 해요. "아빠, 엄마, 할아버지, 할머니, 그리고 나야. 爸爸、妈妈、爷爷、奶奶和我。" 나나도 낸시에게 스케치북을 보여 주며 가족 소개를 해요. "우리 집 식구는 네 명이야. 아빠, 엄마, 여동생과 나 이렇게야. 我家有四口人。爸爸、妈妈、妹妹和我。"

아, 낸시의 식구는 다섯 명, 나나의 식구는 네 명이네요. 친구들도 옆자리 친구에게 식구가 몇 명인지 서로 물어볼까요? 你家有几口人?

 본책 80쪽

◆ **발음 챈트**

병음 j q x의 음가를 충분히 익힌 후 다음과 같은 챈트로 연습할 수 있습니다.

혀를 넓게 · 펴고서 · jī qī · xī

jī qī xī · jī qī xī · 소리 내 · 볼까요?

Jī ī · 鸡 · 닭 · 鸡

Qī ī · 气 · 화나다 · 气

Xī iāo · 小 · 작다 · 小

小, 小 · 小鸡 · 气, 气 · 气

谁气 · 小鸡? · 气, 气 · 气

3교시 **말하기+시간** 说一说+ 본책 82쪽

◆ **활동** 네 박자 게임으로 가족 명칭 말하기

교재 82쪽의 챈트를 완전히 암기한 후 다음과 같은 활동을 할 수 있습니다.

활동 방법

❶ 전체 학생을 4개의 조로 나눈 뒤 학생들 스스로 조의 이름을 爷爷, 奶奶, 外公, 外婆 중 하나로 선택하도록 한 뒤 다음과 같이 게임을 진행합니다.

선생님 "할아버지 중국어로?" (네 박자 게임에 맞춰)
爷爷조 학생들 爷爷, 爷爷
선생님 "외할아버지 중국어로?"
外公조 학생들 外公, 外公

❷ 난이도를 높이고 싶다면, 선생님의 질문을 바꾸어 다음과 같이 진행합니다.

선생님 爸爸的爸爸   爷爷조 학생들 爷爷, 爷爷
선생님 妈妈的爸爸   外公조 학생들 外公, 外公

참고해 주세요

활동 tip ①
네 박자 게임이란 두 손으로 무릎을 치고(1박) 박수를 친 후(2박) 오른손 엄지를 오른쪽 방향으로 내밀고(3박) 왼손 엄지를 왼쪽 방향으로 내미는(4박) 동작에 맞추어 단어나 문장을 말하는 게임입니다.

활동 tip ②
난도를 좀 더 높이고 싶다면 선생님의 역할을 조원 대표를 정해 다음과 같이 맡길 수 있습니다.

선생님 爸爸的爸爸(선생님은 게임의 시작만 참여)
爷爷조 학생들 爷爷, 爷爷
爷爷조 대표 학생 妈妈的爸爸
外公조 학생들 外公, 外公
外公조 대표 학생 妈妈的妈妈

제7과 你是哪国人? 너는 어느 나라 사람이니?

 본책 88~89쪽

◆ **스토리텔링**

본책 88~89쪽 도입 시, 다음과 같은 이야기를 들려주며 회화 내용을 소개할 수 있습니다.

마이클은 미국에서 새로 전학 온 친구예요. 마이클은 하림이와 함께 점심을 먹은 후, 운동장에 나와 축구를 하기로 했어요. 마이클은 문득 하림이가 어느 나라 사람인지 궁금해졌어요. 우리 친구들은 국제 학교에 다니고 있어 세계 여러 나라에서 온 친구들이 많이 있는데, 겉으로 보고 어느 나라 사람인지 알기가 힘들거든요.

그래서 마이클은 하림이에게 "너는 어느 나라 사람이니? 你是哪国人?"이라고 물어보았어요. 하림이는 "나는 한국 사람이야. 我是韩国人。"이라고 대답했어요. 마이클은 멀리 놀고 있는 삔빈이와 나나를 보더니, 또 물어보았어요. "쟤네들도 한국 사람이야? 他们也是韩国人吗?" 하림이는 "아니, 쟤들은 중국 사람이야. 不，他们是中国人。"이라고 대답했어요. 우리 친구들은 모두 한국 사람인가요? 중국어로 "나는 한국 사람이야. 我是韩国人。"이라고 말해보세요.

 본책 92쪽

◆ **발음 챈트**

병음 zh ch sh r의 음가를 충분히 익힌 후 다음과 같은 챈트로 연습할 수 있습니다.

> 혀를 살짝 · 말아 주며 · zhī chī · shī rī
>
> 한국어엔 · 없는 소리 · zhī chī · shī rī
>
> Zhī zhī · 只 · 마리 · 只
>
> Shī shī · 狮子 · 사자 · 狮子
>
> Chī chī · 吃 · 먹다 · 吃
>
> Rī rī · 日日 · 매일 매일 · 日日

◆ **활동** 어느 나라일까요?

본책 94쪽의 내용을 학습할 때 나라와 관련된 이미지를 보여 주고 어떤 나라인지 맞혀 보는 활동을 할 수 있습니다.

활동 방법

각 나라마다 연상되는 이미지를 카드 형식이나 PPT로 준비합니다.

미국 자유의 여신상, 햄버거

중국 빨간색, 마라탕, 만리장성

프랑스 바게트, 에펠탑, 개선문

사우디아라비아 낙타, 사막, 두건을 두른 아랍의 전통 복장

영국 영국 여왕의 왕관, 버킹엄 궁전의 근위병 복장, 타워 브릿지

케냐 코끼리, 기린, 나이로비 국립 공원, 케냐의 전통 의상(마사이족의 복장)

멕시코 타코(음식명), 계단식 피라미드, 멕시코 전통 의상(판쵸와 챙 넓은 모자)

한국 한복, N서울타워, 무궁화, K-pop 가수

네덜란드 튤립, 풍차

브라질 축구, 아마존 밀림, 리우데자네이루 예수상, 이과수 폭포, 삼바 축제

관련 이미지를 하나씩 보여 주며 어떤 나라인지 알아맞혀 보도록 합니다.

참고해 주세요

활동 tip ①

저학년의 경우 아직 '국가'의 개념이 완전히 정립되지 않은 경우가 많습니다. 이런 경우 선생님은 교재에 실린 나라의 중국어 이름을 먼저 학습한 후, 학습의 정리 단계에서 각 나라의 이미지를 보여 주며, 학습한 나라 중에서 어떤 나라가 보여 주고 있는 이미지와 관련 있는지 정답을 말하게 합니다. 이 때 정답은 모두 중국어로 답할 수 있도록 지도합니다.

활동 tip ②

국가에 대한 개념과 세계 여러 나라에 대한 상식이 있는 고학년의 경우 교재의 나라 이름을 학습하기 전에 학습 도입 부분에서 위에서 제시한 활동을 할 수 있습니다. 학습 도입 부분에서 활용할 때는 아직 중국어로 나라 이름을 배우지 않은 단계이므로, 학생들이 한국어로 나라 명칭을 답하면, 선생님은 정답을 중국어로 다시 말해 학생들이 따라 할 수 있도록 합니다.

제8과 我喜欢猫，你呢? 나는 고양이를 좋아해. 너는?

1교시 **말하기 시간** 說一說 본책 100~101쪽

◆ **스토리텔링**

본책 100~101쪽 도입 시, 다음과 같은 이야기를 들려주며 회화 내용을 소개할 수 있습니다.

수민이와 낸시는 공원에서 산책을 하고 있어요. 산책 중에 길고양이를 만났는데, 고양이가 수민이에게 다가왔어요. 길고양이는 원래 사람을 피하는데, 이게 무슨 일일까요? 알고 보니 수민이가 엄마와 함께 항상 먹이를 주는 고양이였답니다. 고양이를 부드럽게 쓰다듬으며, 수민이는 낸시에게 "나는 고양이를 좋아해, 너는? 我喜欢猫，你呢?"라고 물어봤어요. 함께 고양이를 쓰다듬던 낸시는 "나도 고양이를 좋아해. 我也喜欢猫。"라고 대답했어요.

공원 저쪽에서 강아지와 산책하는 아저씨를 보더니 수민이가 낸시에게 "너는 개를 좋아하니? 你喜欢狗吗?"라고 물어봅니다. 평소에 큰 개를 무서워하던 낸시는 "아니, 나는 개를 좋아하지 않아. 不，我不喜欢狗。"라고 대답했어요.

여러분은 개와 고양이 중 어떤 동물을 좋아하나요? 개를 좋아한다면 "我喜欢狗。" 고양이를 좋아한다면, "我喜欢猫。"라고 말해보세요.

◆ **활동** 어떤 동물을 좋아하는지 몸으로 말해요

본책 100~101쪽의 내용을 학습하고 일정 수준까지 회화 연습이 되었다면 추가로 다음과 같은 활동을 할 수 있습니다.

활동 방법

❶ 학생 한 명씩 앞으로 나와 자신이 좋아하는 동물을 몸으로 표현합니다.

❷ 앉아있는 학생들은 친구의 동작을 보고 어떤 동물인지 맞혀 보며 질문을 합니다.
먼저 친구에게 어떤 동물을 좋아하는지 중국어로 물어봅니다. (你喜欢○○吗?) 좋아하는 동물 이름 중 아직 배우지 않은 것이 있다면 동물 이름을 한국어로 이야기해도 됩니다.

　　예 你喜欢낙타吗?
　　　你喜欢호랑이吗?

❸ 선생님은 학생들이 한국어를 사용해 질문했다면 이를 다시 중국어로 정정해 줍니다.

　　예 你喜欢骆驼吗?
　　　你喜欢老虎吗?

❹ 앞에 나와 있는 학생은 친구가 질문한 동물이 자신이 동작으로 표현한 동물이 맞다면 '喜欢'이라 대답하고 제자리로 돌아옵니다. 만약 자신이 표현한 동물이 아니면 '不'라고 말한 뒤 동작을 계속합니다.

✦참고해 주세요

활동 tip ①

만약에 학생들의 표현이 서툴거나, 좋아하는 동물의 범위가 너무 넓어 정답을 맞히기 어려운 상황이라면 다음과 같이 〈보기〉를 제시한 후에 활동을 진행할 수 있습니다.

❶ 학생들은 좋아하는 동물 이름을 쪽지에 적어 선생님께 제출합니다. 이때 학생들은 서로 어떤 동물을 적었는지 모르게 해야 합니다.
❷ 선생님은 쪽지에 적힌 동물의 이름을 모두 한국어로 칠판에 적어 놓아서, 학생들이 정답을 알아맞힐 때 그중에서 하나를 고를 수 있도록 〈보기〉를 제시합니다.

2교시 **발음 알기 시간** 学拼音   본책 104쪽

◆ **발음 챈트**

병음 z c s의 음가를 충분히 익힌 후 다음과 같은 챈트로 연습할 수 있습니다.

윗니 아랫니 · 사이로 · 바람이 · 쌩쌩

Zī cī sī · zī cī sī · 소리 내 · 볼까요?

Zī zī · 紫色 · 보라색 · 紫色

Cī cī · 词典 · 사전 · 词典

Sī sī · 四 · 숫자 4는 · 四

紫紫 · 紫色 · 紫色的 · 词典

四四 · 四本 · 四本 · 词典

제9과 你吃什么? 너는 무엇을 먹니?

1교시 말하기 시간 说一说  본책 112~113쪽

◆ **스토리텔링**

본책 112~113쪽 도입 시, 다음과 같은 이야기를 들려주며 회화 내용을 소개할 수 있습니다.

뻰빈이와 마이클은 만두 가게에 갔어요. 주문을 하기 전에 뻰빈이는 무엇을 먹을지 마이클과 서로 이야기하고 있습니다. 뻰빈이는 찐빵 모양의 만두인 빠오즈를 먹겠다고 말했어요. "나는 빠오즈를 먹어. 我吃包子。" 그러고 나서 마이클에게 무엇을 먹을 것인지 물어봤어요. "너는 무엇을 먹니? 你吃什么?" 마이클은 "나는 만터우를 먹어. 我吃馒头。"라고 대답했어요.

'馒头'는 찐빵처럼 생겼지만 소가 없고 밀가루 반죽만으로 만든 빵과 같은 음식인데, 마이클은 만터우가 무엇인지 알고 시킨 걸까요? 만터우는 보통 다른 음식과 같이 먹는 기본 음식이랍니다.

뻰빈이는 이번에는 마실 것에 대해 물어봤어요. "나는 우유를 마실 건데, 너는 무엇을 마실 거니? 我喝牛奶。你喝什么?" 마이클은 "나는 두유를 마실 거야. 我喝豆奶。"라고 대답했어요. 만터우와 두유(馒头和豆奶)는 중국 사람들이 아침 식사로 잘 먹는 음식이에요.

2교시 발음 알기 시간 学拼音 본책 116쪽

◆ **활동** 성모의 순서대로 줄을 서요

성모의 모든 음가를 알고 있다면 다음과 같은 활동을 할 수 있습니다.

활동 방법

준비물 학생 수만큼의 성모 카드

❶ 예비 단원에서 배웠던 병음 노래를 다시 한 번 복습합니다.

❷ 병음을 노래 가사 순서대로 외웁니다.

❸ 선생님은 성모 카드를 학생들에게 나누어 줍니다.

❹ 성모 카드를 받은 학생들은 카드를 들고 앞으로 나온 후 병음 노래를 참고하여 성모의 순서대로 줄을 섭니다.

❺ 줄을 선 순서대로 각자 자신이 어떤 성모 카드를 들고 있는지 말해 봅니다.

✦ 참고해 주세요

활동 tip ①

3학년 이상의 학생들은 다음과 같이 발음 기관이 같은 성모끼리 모이는 활동을 시도해 볼 수 있습니다.

쌍순음 b p m   **순치음** f   **설첨음** d t n l   **설근음** g k h

설면음 j q x   **권설음** zh ch sh r   **설치음** z c s

활동 tip ②

학생들에게 쌍순음, 설첨음 등의 용어를 사용하여 설명하지 않고, 소리 나는 발음 기관이 비슷한 성모끼리 모아 배웠다는 것을 다시 한 번 상기시켜 주는 정도로만 복습한 후 활동을 진행하도록 합니다.

3교시 **말하기⁺시간** 说一说⁺   본책 118쪽

◆ **동사 퀴즈** 吃와 어울리는 음식 이름, 喝와 어울리는 음료 이름 말하기

본책 112~113쪽의 회화와 교재 118쪽의 단어를 일정 수준까지 충분히 연습한 후 다음과 같은 활동을 할 수 있습니다.

활동 방법

준비물 단어 카드 吃, 喝

❶ 학생들을 2명씩 또는 4~5명씩 여러 조로 나눕니다.

❷ 선생님은 다음과 같이 질문하며, 학생들에게 동사 카드(예: 喝)를 보여 줍니다.

선생님 你喝什么？

❸ 학생들은 제시된 동사 뒤에 다음과 같이 이어질 단어를 말합니다.

학생 1 我喝可乐。

학생 2 我喝橙汁。

학생 3 我喝面包。

❹ 학생 3과 같이 동사와 어울리지 않는 단어를 말하거나 단어를 말하지 못한 학생이 있는 조는 탈락하고, 모든 조원이 끝까지 이야기 한 조는 승리합니다.

❺ 말할 때마다 사용하는 단어를 바꾸어 가며 같은 과정을 반복합니다. 단 학생의 수가 많을 경우, 음식 단어의 수가 제한적이므로 배운 단어를 모두 말한 뒤에는 사용한 단어를 처음부터 다시 사용할 수 있도록 합니다.

❻ 吃 카드를 보여 주며 위와 동일한 방식으로 활동을 진행합니다.

✦ 참고해 주세요

활동 tip ①

학생들이 모두 능숙하게 잘하게 되면 가장 정확한 발음으로 말한 조와 가장 빠른 속도로 말한 조를 승리의 조로 뽑습니다.

활동 tip ②

카드를 그림 카드 또는 한자 카드로 준비하여 활동의 난이도를 조절할 수 있습니다.

활동 tip ③

저학년의 경우 모든 학생들이 빨리 대답하는 것이 어려울 수 있으므로 다음과 같은 방법으로 활동을 변형시켜 진행할 수 있습니다.

❶ 학생들에게 음식 이름이 적힌 단어 카드를 나누어 줍니다.
❷ 선생님이 吃 카드를 들고 "你吃什么?"라고 질문합니다.
❸ 吃와 어울리는 카드를 들고 있던 학생들은 자리에서 일어난 후, '我吃음식 이름'이라고 말합니다.
❹ 喝도 같은 방식으로 진행합니다.

제10과 自我介绍 자기소개

◆ **스토리텔링**

본책 124~125쪽 도입 시, 다음과 같은 이야기를 들려주며 회화 내용을 소개할 수 있습니다.

운동을 좋아하는 나나는 엄마를 졸라 태권도 학원을 등록했어요. 내일은 드디어 학원에 처음 가는 날이에요. 나나는 새로운 친구들과 태권도 사범님을 만날 생각에 잔뜩 들떴어요. 새로운 친구들에게 자기를 어떻게 소개할지 한참을 고민하면서 다음과 같은 쪽지를 적어 보았어요.

> 얘들아, 안녕! 大家好!
> 내 이름은 나나야. 我叫娜娜。
> 나는 중국 사람이야. 我是中国人。
> 나는 여덟 살이야. 我八岁。
> 우리 가족은 네 명이야. 我家有四口人。
> 아빠, 엄마, 여동생, 그리고 나 이렇게야. 爸爸、妈妈、妹妹和我。
> 나는 아기 고양이를 좋아해. 我喜欢小猫。
> 아기 고양이는 정말 귀여워. 小猫很可爱。

여러분은 어떻게 자기소개를 하고 싶나요? 나나처럼 간단하게 자기소개를 해 볼까요?

◆ **활동** 작은 동물에서 큰 동물의 순서대로 말해요

10과를 모두 학습한 후 다음과 같은 활동을 할 수 있습니다.

❶ 교재에서 배웠던 동물의 중국어 명칭을 다시 한 번 확인합니다.
　예 개, 강아지, 고양이, 말, 망아지, 소, 송아지, 닭, 병아리, 오리, 새끼 오리 등

❷ 5~6명 정도를 한 조로 나누고 다음과 같은 활동을 진행합니다.
　선생님 작은 동물에서 큰 동물의 순서대로 말해요.
　학생 1 小鸡
　학생 2 鸡

학생 3　小狗

학생 4　狗

학생 5　马

❸ 머뭇거리나 말하지 못한 학생이 있다면, 해당 학생이 있는 조는 탈락입니다.

✦ **참고해 주세요**

활동 tip ①

저학년이면 갑자기 대답하는 것이 어려울 수 있으므로, 선생님의 지시 사항을 듣고 조원끼리 누가 어떤 동물을 이야기할지 의논할 시간을 준 후에 활동을 진행하도록 합니다. 고학년이거나 모든 학생이 단어를 완전히 암기한 상황이라면 지시 사항을 듣고 바로 진행하도록 합니다.

활동 tip ②

저학년이라면 그림 카드를 이용하여 다음과 같이 활동하여 난이도를 쉽게 조절할 수 있습니다.

❶ 선생님은 학생들에게 동물 카드를 나누어 줍니다.

❷ 선생님이 '小'라고 말하면 학생들은 동물 카드를 들고 몸집이 작은 동물에서 큰 동물의 순서대로 줄을 섭니다.

❸ 줄이 완성되면 들고 있는 카드의 동물 명칭을 중국어로 말합니다.

❹ 선생님이 '大'라고 말하면 학생들은 동물 카드를 들고 몸집이 큰 동물에서 작은 동물의 순서대로 줄을 섭니다.

❺ 줄이 완성되면 들고 있는 카드의 동물 명칭을 중국어로 말합니다.

활동 tip ③

큰 동물에서 작은 동물의 순서로 말하기, 두 발 동물 두 개를 말한 뒤 네 발 동물 네 개를 말하기, 꼬리가 긴 동물의 순서대로 말하기 등 교사는 다양하게 지시 사항을 제시할 수 있습니다.

교수 학습 지도안 작성

교수 학습 계획서 작성 시 각 란에 다음을 참고하여 기록합니다.

목록	내용		예시
수업자	수업 담당 선생님의 이름		김○○
일시	수업하는 날짜와 시간		2023년 3월 3일
대상	수업 받는 대상의 학년		1학년
장소	수업이 이루어지는 교실		• 중국어 교실 • 1학년 2반 교실
단원	교재의 단원과 그 제목		제1과 你好!
차시	'차시'란 하나의 단원을 몇 번으로 나누어 진행하는지 보여 주는 횟수를 말합니다. 예를 들어 1/4차시는 1단원 수업을 네 번에 걸쳐 진행하며, 그중 첫 번째 수업이라는 뜻입니다.		• 1/4차시 • 2/5차시
주제	해당 단원을 포괄할 수 있는 내용인지 유의하며 작성합니다. '~하기'의 형식으로 기입합니다.		인사와 관련된 중국어 표현 알기
학습 목표	이번 차시를 통해 학생들이 성취할 수 있는 학습 내용을 말합니다. '~할 수 있다.'의 형식으로 기입합니다.		'안녕', '잘 가'를 중국어로 말할 수 있다.
학습 자료	『우리학교 어린이 중국어 1』에서 학습할 내용의 제목과 페이지		말하기 시간, 새 단어 18~20쪽
교수-학습 활동	도입	인사, 지난 차시 복습, 해당 차시 학습 목표 제시, 학습을 위한 동기 유발 활동 등을 제시합니다.	
	전개	학습의 흐름에 맞게 일련의 활동을 제시합니다. 학습 전개 활동을 마무리 했을 때, 학생의 입장에서 학습 목표를 성취할 수 있는지, 성취하는데 학습 부담감이 크지 않았는지를 충분히 고려 한 후 일련의 전개 활동을 계획합니다.	
	정리	해당 차시의 학습 목표가 잘 이루어졌는지 확인하는 일련의 학습 활동을 말합니다.	• 배운 표현 말하기 • 간단한 문제 풀이
시간	'창의 체험 활동'은 40분을, '방과 후 학습'은 50분을 1교시로 합니다. 도입+전개+정리가 각각 총 40분과 50분이 되도록 시간을 안배합니다.		
자료 및 유의점	수업에 필요한 교구 및 준비물 또는 수업 시 주의 사항(안전, 활동 방법, 문제 발생 시 예방책 등)을 기입합니다.		

교수 학습 지도안(예시)

수업자	김 ○○	일시	2023년 3월 ○일 5교시(13:00~13:50)	대상	1학년
				장소	중국어 교실
단원	제1과 你好!			차시	1/4차시
주제	중국어의 다양한 인사 표현 알기				
학습 목표	기본적인 인사 표현을 중국어로 말할 수 있다.				
학습 자료	교재『우리학교 어린이 중국어 1』의 말하기 시간, 새 단어(22~24쪽)				

단계	교수 – 학습활동	시간	자료 및 유의점
도입	**1 전 차시 복습** ● 병음 song을 부르며 지난 차시 학습 내용을 확인한다. ● 중국어의 글자(간체자)에 대해 다시 한 번 확인한다. **2 이번 차시의 학습 내용 소개** ● 학생들에게 '你好'라고 인사를 건네며 오늘 배울 인사말인 '你好'와 '再见'을 소개한다.	5분	
전개	**1 문장을 따라서 말해 보기(스토리텔링)** ● 교재 속 등장인물의 캐릭터 인형을 활용해 '수민, 삔빈, 낸시, 나나'를 소개한다. ● 교사는 각각의 캐릭터를 칠판에 붙이며 '你好'라고 인사한 후, 학생들이 따라서 말할 수 있도록 한다. ● 모든 캐릭터의 소개를 마친 후, 다시 칠판에서 캐릭터 인형을 떼면서 '再见'이라고 말하며 학생들이 따라서 말할 수 있도록 한다. **2 새 단어 학습 (본책 24쪽)** ● 교사는 미리 준비한 단어 카드를 활용해 학생들이 你、好、再、见의 뜻을 유추해 보도록 제시 후 정확한 뜻을 알려 준다. ● 단어 카드를 보여 주며 학생들이 여러 번 따라 읽도록 한다. ● 단어 카드를 보고 학생 스스로 말할 수 있도록 연습한다. ● 교사가 한국어 뜻을 말하면 학생은 중국어로 말해 본다. **3 말하기 : 본문 학습 (본책 22~23쪽)** ● 본문 속 '수민, 삔빈, 낸시, 나나'가 어디 있는지 한번 찾아 보고 만날 때 하는 인사, 헤어질 때 하는 인사를 하는 인물은 누구인지 함께 이야기해 본다.	40분	등장인물(수민, 삔빈, 낸시, 나나)의 캐릭터 인형 단어 카드, 교재

	• 만날 때는 "你好!", 헤어질 때는 "再见!"을 반복하며 자연스럽게 표현을 암기할 수 있도록 한다. • 옆자리 친구와 상황에 따라 어떻게 인사하는지 연습해 보는 시간을 갖는다. **4 활동(공을 주고받으며 인사 표현 말하기)** • 교사는 미리 준비한 공을 든 채로 학생 A에게 다가가 '你好'라고 인사한다. • 교사는 학생 A에게 공을 건네주며 '再见'이라고 말한 뒤 제자리로 돌아온다. • 공을 받은 학생 A는 학생 B에게 다가가 '你好'라고 인사한 뒤 공을 건네주면서 '再见'이라고 말한 뒤 제자리로 돌아온다. • 이 과정을 반복하며 모든 학생들이 공을 주고받을 수 있도록 지도한다.		공(탱탱볼) 준비 - 활동 시 소외되는 학생이 없도록 유의하며 지도한다. - 공을 주고받을 때 무리하게 신체를 움직여 안전사고가 나지 않도록 주의한다.
정리	**1 학습 내용 정리** • 학습한 인사 표현 두 가지를 함께 말해 본다. • 학생들이 단어 카드를 보고 무슨 뜻인지 말해 보도록 한다. • 수민, 삔빈, 낸시, 나나에게 "再见!"하고 인사하게 한다. **2 다음 차시 예고** • 다음 시간에 학습할 챈트(25쪽)를 미리 들려준다. • 교사는 "大家再见!"이라고 인사하며 수업을 마무리한다.	5분	단어 카드 캐릭터 인형 챈트 음원

교수 학습 지도안(예시)

수업자	김 ○○	일시	2023년 3월 ○일 5교시(13:00~13:50)	대상	1학년
				장소	중국어 교실
단원	제1과 你好!			차시	2/4차시
주제	중국어의 다양한 인사 표현 알기				
학습 목표	본문 챈트를 암기하여, '你好', '再见'을 활용한다. 운모 a o e i u ü를 읽을 수 있다.				
학습 자료	교재『우리학교 어린이 중국어 1』의 중국어 챈트, 발음 알기 시간, 발음 연습(25~27쪽)				

단계	교수 – 학습 활동	시간	자료 및 유의점
도입	**1 전 차시 복습** ● 지난 차시에 학습한 인사 표현 '你好', '再见'을 확인한다. ● 단어 카드를 보고 해당 단어의 뜻을 말할 수 있는지 확인한다. **2 이번 차시의 학습 내용 소개** ● 오늘 학습할 챈트와 중국어의 운모를 소개한다.	5분	
전개	**1 챈트 학습 (본책 25쪽)** ● 준비해 둔 챈트 음원을 들려주고 학생들이 챈트 리듬에 익숙해질 수 있도록 한다. ● 한 줄씩 따라 읽으며 챈트를 익힌다. ● 교사가 한국어 가사로 챈트를 부르고 학생이 중국어 가사로 챈트를 불러 본다. (혹은 반대로도 진행할 수 있다.) ● 이 외에도 다양한 방법으로 챈트를 연습한다. 　예 분단별, 성별, 홀짝 번호순 등 **2 말하기 확인 학습 (본책 22~23쪽)** ● 챈트를 통해 암기한 인사 표현 '你好', '再见'을 교사의 지시에 따라 일상생활 말투로 친구와 대화한다. **3 발음 학습 (본책 26쪽)** ● 학생들에게 발음 음원 파일을 들려주고 운모 a o e i u ü 발음을 연습해 본다. (음원 대신 교사의 발음도 가능하다.) ● 각각의 발음 설명에 유의하며 학생들이 자연스럽게 발음을 익힐 수 있도록 유도한다. ● 해당 발음이 들어간 단어를 읽을 때는 앞서 학습한 성조에 유의하며 발음할 수 있도록 한다.	40분	챈트 음원 발음 음원

	4 운모 발음 연습 활동		*학생이 많을 경우 6명씩 모둠을 나누어 모둠끼리 대결하는 형식으로 진행 가능하다.

4 운모 발음 연습 활동

- 학생마다 1번부터 6번까지 정한다.
  - 📌 자리 배치, 제비뽑기 등
- 정한 순서에 맞게 학생마다 돌아가며 운모 a o e i u ü를 하나씩 맡아 발음한다.
- 인원이 많을 경우 운모 a o e i u ü를 여러 번 반복한다.
- 1번부터 6번 학생까지 틀리지 않고 모두 발음하면 성공한다.
- 학생들이 발음을 잘 해낼 경우, 속도를 높이거나 아예 천천히 발음하며 학생들의 흥미가 떨어지지 않도록 진행한다.

5 발음 쓰기 (본책 27쪽)

- 학생들이 교재 속 회색 글자를 따라 쓰며 발음도 함께 할 수 있도록 한다.
- 학습자의 연령 또는 학습 상황에 따라 쓰는 횟수를 다양하게 제시한다.
  - 📌 두 번만 예쁘게 쓰기 / 다 쓴 사람은 한 번 더 쓰기

*학생이 많을 경우 6명씩 모둠을 나누어 모둠끼리 대결하는 형식으로 진행 가능하다.

*모둠으로 나누기 어려운 경우, 모든 학생이 발음을 틀리지 않고 완성하는 시간을 잰 후, 시간을 줄여 나가는 방법으로도 진행할 수 있다.

| **정리** | **1 학습 내용 정리**
- 이번 차시에서 학습한 챈트를 다시 한 번 확인한다.
  📌 너 / 你 / 좋다 / 好 / 안녕 / 你好
- 운모 a o e i u ü를 발음할 수 있는지 다시 한 번 확인한다.

2 다음 차시 예고
- '你好'와 '再见' 외에 다른 인사 표현을 배울 것을 예고한다.
- 학생들과 인사 후 수업을 마무리한다. | 5분 | |

교수 학습 지도안(예시)

방과 후 학교 교육 활동 (중국어)부

수업자	김 ○○	일시	2023년 3월 ○일 5교시(13:00~13:50)	대상	1학년
				장소	중국어 교실
단원	제1과 你好!			차시	3/4차시
주제	중국어의 다양한 인사 표현 알기				
학습 목표	'你好'와 '再见' 외에 다양한 인사 표현(老师好, 大家好, 明天见)을 말할 수 있다.				
학습 자료	교재『우리학교 어린이 중국어 1』의 말하기 플러스 시간, 문제 풀이 시간(28~29쪽)				

단계	교수-학습 활동	시간	자료 및 유의점
도입	**1 전 차시 복습** ● 지난 차시에 학습한 챈트를 다 같이 불러 본다. ● 운모 a o e i u ü 발음을 다시 한 번 확인한다. **2 이번 차시의 학습 내용 소개** ● 대상/시간에 따라 어떤 인사 표현이 있는지, 중국어로는 어떻게 말하는지 학생들과 함께 이야기해 본다.	5분	챈트 음원
전개	**1 만났을 때 인사 표현 (본책 28쪽)** ● 만난 사람 뒤에 '好'를 붙이면 만났을 때 하는 인사 표현임을 설명한다. ● 학생의 이름을 넣어 '○○好!' '△△好!' 등 다양한 예시를 통해 학생들이 어렵게 느끼지 않을 수 있도록 한다. ● '선생님'은 '老师', '여러분'은 '大家'라고 알려 주고 수업 시작 시간처럼 연습해 본다. 예 선생님: 大家好! / 학생들 : 老师好! **2 헤어질 때 인사 표현 (본책 28쪽)** ● 만날 시간 뒤에 '见'을 붙이면 헤어질 때 하는 인사 표현임을 설명한다. ● '내일'이라는 뜻의 단어 '明天'을 소개하고 내일 만날 친구에게 인사하는 연습을 해 본다. ● 사람에게 헤어지는 인사를 하고 싶을 때는 '○○, 再见!'이라고 표현함을 설명한다.	40분	

	3 다양한 인사 말하기 활동 ● 교사는 한국어로 인사말이 적힌 쪽지와 그 쪽지를 넣어둘 수 있는 뽑기 통을 준비한다. ● 학생들마다 뽑기 통 속 쪽지를 하나씩 뽑고, 그 쪽지에 적힌 인사말을 중국어로 바꾸어 발표한다. ● 교실 상황에 따라 발표를 마친 학생이 다음 학생의 쪽지를 미리 뽑아 주는 방식 등을 활용할 수 있다.		뽑기 통 인사말이 적힌 쪽지 (혹은 카드)
	4 연습 문제 (본책 29쪽) ● 1과에서 학습한 내용을 바탕으로 문제를 풀어 보는 시간을 갖는다. ● 연습 문제 2번은 스티커 대신 학생들이 직접 그림을 그려 넣는 방식을 제시할 수 있다. ● 연습 문제 3번은 글자를 색칠하는 것이 아니라 따라 쓰는 것임을 정확히 안내한다.		듣기 문제 음원
정리	**1 학습 내용 정리** ● 만났을 때는 '好'를 붙여 인사한다는 것을 다시 한 번 확인한다. ● 옆자리 친구의 이름을 넣어 인사해 본다. ● 헤어질 때는 '见'을 붙여 인사한다는 것을 다시 한 번 확인한다. **2 다음 차시 예고** ● 다음 시간에 학습할 내용을 간단히 소개한다. ● 교사는 '大家再见!', 학생들은 '老师再见!'이라고 인사하며 수업을 마무리한다.	5분	

교수 학습 지도안(예시)

수업자	김 ○○	일시	2023년 3월 ○일 5교시(13:00~13:50)	대상	1학년
				장소	중국어 교실
단원	제1과 你好!			차시	4/4차시
주제	중국어의 다양한 인사 표현 알기				
학습 목표	놀이를 통해 1과 내용을 확인하고, 한자 '好'와 중국의 인사 문화를 이해할 수 있다.				
학습 자료	교재 『우리학교 어린이 중국어 1』의 쓰기 시간, 함께 놀아요, 함께 읽어요(30~32쪽)				

단계	교수 – 학습활동	시간	자료 및 유의점
도입	**1 전 차시 복습** • '大家好!'라고 인사하며 지난 차시 학습 내용을 상기시킨다. • 만났을 때와 헤어질 때 인사 표현을 확인한다. **2 이번 차시의 학습 내용 소개** • 인사 표현을 활용한 카드 놀이, 한자 '好'와 중국의 인사 문화에 대해 알아볼 것임을 안내한다.	5분	
전개	**1 한자 好 학습 (본책 30쪽)** • 소개 글을 보기 전, '好'의 글자 변화가 담긴 그림을 보며 학생들과 함께 이야기를 나눠 본다. • 교재 속 '好'의 유래와 뜻을 살펴본다. • 한자 쓰기 : '好'의 필순에 유의하며 쓸 수 있도록 안내한다. **2 중국어 인사 카드 놀이 (본책 31쪽)** • 137쪽 활동 자료에 있는 인사 카드 네 가지를 잘라 준비할 수 있도록 한다. • 준비를 마친 학생은 책상 위에 카드를 나란히 놓을 수 있도록 한다. • 교사가 들려주는 인사 표현을 잘 듣고 학생들이 해당 카드를 들 수 있도록 안내한다. • 그림 카드로 한 번, 병음 카드로 한 번씩 번갈아 가며 놀이를 진행한다.	40분	활동 자료의 인사 카드, 가위

	3 중국 문화 알기 (본책 32쪽) • 1과의 다양한 인사 표현과 연관된 중국 문화를 소개한다. • 먼저 우리나라에서는 평소에 어떻게 인사하는지 학생들과 이 야기를 나눠 본다. • 중국에서는 평소에 허리를 굽혀 인사하지 않는다는 것을 소개 하고, 큰 행사나 정식으로 인사해야 할 때만 허리를 굽혀 인사 한다는 점을 강조한다. • 그 인사법을 '국궁례'라고 한다는 것을 설명한다.		국궁례 관련 사진 자료
정리	**1 학습 내용 정리** • 한자 '好'의 뜻은 무엇인지 말해 본다. • 중국의 국궁례는 어떻게 인사하는 방법인지 다시 한 번 확인한다. **2 다음 차시 예고** • 중국어로 들려주는 이름을 잘 듣고 누구의 이름인지 맞추는 활 동을 할 것임을 예고한다. • 중국어로 인사 후 수업을 마무리한다.	5분	

 우리학교 어린이 중국어

우리학교 어린이 중국어 2

교사용 지도서

『우리학교 어린이 중국어 2』의 주제는 **나의 생활**입니다.

2권의 첫 번째 학습 목표는 시간, 요일, 날짜, 소유, 장소, 색깔 등의 관련 표현을 익히고 언제 어디에 가는지, 생일은 언제이고, 어떤 생일 선물을 주는지, 또 내가 살고 있는 곳 근처에는 어떤 장소가 있는지 등에 관해 종합적으로 말할 수 있도록 하는 것입니다.

두 번째 학습 목표는 병음 중 운모의 음가를 완전히 이해하여, 중국어를 병음으로 읽을 수 있도록 하는 것입니다.

연간 학습 계획표 짜기

일반적으로 학교에서의 중국어 학습 활동은 방과 후 중국어와 창의적 체험 활동_다문화 시간 두 가지 방향에서 이루어지고 있습니다. 『우리학교 어린이 중국어』 시리즈는 두 가지 방향의 수업 시간과 내용을 모두 고려하여 집필된 책으로, 보통 한 과의 수업을 4차시에서 6차시 정도로 수업하는 것으로 설계하였으나 학습자의 이해 정도 및 수업 진행 상황에 따라 탄력적으로 조정하여 지도하실 수 있습니다.

『우리학교 어린이 중국어 2』의 학습 계획표

주제	차시	단계	학습 내용
제1과 你去哪儿?			
장소 1	1차시	말하기	장소 묻고 답하기
		새 단어	본문 속 새 단어 배우기
	2차시	챈트	본문 문장을 챈트로 배우기
		발음	운모 ai ei ao ou 발음 학습 및 쓰기
	3차시	말하기 플러스	다양한 장소 명칭 배우기
		문제 풀이	발음 및 1과 본문과 관련된 문제 풀며 익히기
	4차시	쓰기	한자 去의 뜻 알아보고 써 보기
		활동/문화	땅따먹기 놀이 | 중국 지도는 어떤 동물의 모습을 닮았을까?
제2과 今天几月几号?			
날짜	1차시	말하기	날짜 묻고 답하기
		새 단어	본문 속 새 단어 배우기
	2차시	챈트	본문 문장을 챈트로 배우기
		발음	운모 an en ang eng ong 발음 학습 및 쓰기
	3차시	말하기 플러스	1월~12월과 1일~31일 중국어로 알아보기
		문제 풀이	발음 및 2과 본문과 관련된 문제 풀며 익히기
	4차시	쓰기	한자 生의 뜻 알아보고 써 보기
		활동/문화	카드 숫자 일아맞히기 | 어린이들을 위한 날, 중국의 어린이날
제3과 今天星期几?			
요일	1차시	말하기	요일 묻고 답하기
		새 단어	본문 속 새 단어 배우기
	2차시	챈트	본문 문장을 챈트로 배우기
		발음	운모 ia ie in ing 발음 학습 및 쓰기

	3차시	말하기 플러스	월, 일 표현 및 어제와 내일 표현 배우기
		문제 풀이	발음 및 3과 본문과 관련된 문제 풀며 익히기
	4차시	쓰기	한자 土의 뜻 알아보고 써 보기
		활동/문화	카네이션 카드 만들기 | 어버이의 날은 언제나 일요일?

제4과 现在几点?

	1차시	말하기	시간 묻고 답하기
		새 단어	본문 속 새 단어 배우기
	2차시	챈트	본문 문장을 챈트로 배우기
시간		발음	운모 iao ian iang 발음 학습 및 쓰기
	3차시	말하기 플러스	다양한 시간 표현 배우기
		문제 풀이	발음 및 4과 본문과 관련된 문제 풀며 익히기
	4차시	쓰기	한자 分의 뜻 알아보고 써 보기
		활동/문화	늑대야, 늑대야 몇 시니? | 학교에서 낮잠을 자요!

제5과 明天是娜娜的生日。

	1차시	말하기	1~4과의 학습 문장을 활용한 본문 배우기 | 새 단어 배우기
생일		챈트	본문 문장을 챈트로 배우기
	2차시	노래	노래 '祝你生日快乐' 배우기
		활동	생일 파티 초대장을 만들어요

제6과 这是什么?

	1차시	말하기	가까운 물건, 멀리 있는 물건 묻고 답하기
		새 단어	본문 속 새 단어 배우기
	2차시	챈트	본문 문장을 챈트로 배우기
이것, 저것		발음	운모 iu(iou) iong er 발음 학습 및 쓰기
	3차시	말하기 플러스	교실 속 물건 표현 배우기
		문제 풀이	발음 및 6과 본문과 관련된 문제 풀며 익히기
	4차시	쓰기	한자 电의 뜻 알아보고 써 보기
		활동/문화	교실에서 물건 찾기 | 졸업할 때까지 같은 반이에요!

제7과 这是谁的铅笔盒?

	1차시	말하기	누구의 물건인지 묻고 답하기
소유와 물건		새 단어	본문 속 새 단어 배우기
	2차시	챈트	본문 문장을 챈트로 배우기
		발음	운모 ua uai uan uang 발음 학습 및 쓰기

	3차시	말하기 플러스	다양한 물건 명칭 배우기
		문제 풀이	발음 및 7과 본문과 관련된 문제 풀며 익히기
	4차시	쓰기	한자 我의 뜻 알아보고 써 보기
		활동/문화	짝과 카드 게임 하기 | 중국의 보물, 진시황릉

제8과 我的袜子在哪儿?

장소	1차시	말하기	사람 또는 물건이 어디 있는지 묻고 답하기
		새 단어	본문 속 새 단어 배우기
	2차시	챈트	본문 문장을 챈트로 배우기
		발음	운모 ui(uei) un(uen) uo 발음 학습 및 쓰기
	3차시	말하기 플러스	집 안 장소 단어 배우기
		문제 풀이	발음 및 8과 본문과 관련된 문제 풀며 익히기
	4차시	쓰기	한자 在의 뜻 알아보고 써 보기
		활동/문화	가까운 곳 这儿, 먼 곳 那儿 | 중국에 가면 꼭 가 봐야 할 곳

제9과 那是彩虹。

색깔	1차시	말하기	다양한 색깔 말하기
		새 단어	본문 속 새 단어 배우기
	2차시	챈트	본문 문장을 챈트로 배우기
		발음	운모 ün üan üe 발음 학습 및 쓰기
	3차시	말하기 플러스	다양한 색깔 단어 학습 및 좋아하는 색 묻고 답하기
		문제 풀이	발음 및 9과 본문과 관련된 문제 풀며 익히기
	4차시	쓰기	한자 红의 뜻 알아보고 써 보기
		활동/문화	'천단 공원'을 예쁘게 색칠해요! | 중국에서는 빨간색이 최고!

제10과 真的是你的。

생일 선물	1차시	말하기	6~9과의 학습 문장을 활용한 본문 배우기 | 새 단어 배우기
		챈트	본문 문장을 챈트로 배우기
	2차시	노래	노래 '我的朋友在哪里?' 배우기
		활동	중국어를 말하며 목적지에 도착해요

단원별 상세 학습 활동

『우리학교 어린이 중국어 2』의 각 과를 학습할 때 다음과 같은 활동을 참고하여 학습 계획을 세워 봅니다.

 제1과 **你去哪儿?** 너 어디 가니?

1교시 말하기 시간 说一说 본책 16~17쪽

◆ **스토리텔링**

본책 16~17쪽 도입 시, 다음과 같은 이야기를 들려주며 회화 내용을 소개할 수 있습니다.

낸시의 가족은 이번에 강아지를 입양했어요. 원래는 큰 개를 무서워하던 낸시였는데, 새로 입양한 하얗고 귀여운 푸들 덕분에 이제 개를 무서워하지 않게 되었답니다. 낸시가 하얀 푸들과 함께 산책을 하고 있는데, 마침 책을 들고 가는 마이클을 길에서 우연히 만났어요. 낸시는 마이클에게 어디에 가는 중인지 물어봤어요. "너 어디 가니? 你去哪儿?" 마이클은 이렇게 대답했어요. "나는 도서관에 가. 我去图书馆。"

아, 마이클은 다 읽은 책을 반납하러 도서관에 가는 중이었네요. 마침 도서관 앞을 지나가는 수민이와 나나도 보입니다. 낸시는 수민이와 나나가 어디 가는지 궁금했는데, 수민이와 나나랑 친한 마이클이 알고 있을 것 같아 "쟤들은 어디 가는 거니? 她们去哪儿?"라고 마이클에게 물어봤어요. "쟤들은 학원에 가. 她们去补习班。" 역시, 마이클은 알고 있었네요.

2교시 발음 알기 시간 学拼音 본책 20쪽

◆ **발음 챈트**

병음 ai ei ao ou의 음가를 충분히 익힌 후 다음과 같은 챈트를 활용할 수 있습니다.

> Āi · āi · 爱 · ēi · ēi · 妹妹
>
> Āo · āo · 猫 · ōu · ōu · 狗

妹妹 · 爱 · 猫 · 猫 · 爱 · 妹妹

妹妹 · 爱 · 狗 · 狗 · 爱 · 妹妹

참고해 주세요

활동 tip ①

챈트의 첫 번째 단락(첫 번째 줄과 두 번째 줄)은 '운모/운모/단어, 운모/운모/단어'의 형식으로 이루어져 있습니다. 먼저 첫 두 줄을 학생들과 함께 읽어 봅니다. 그 다음 암기 1단계로 선생님이 운모 파트를 말하면 아이들은 해당하는 단어를 말하게 합니다. 이는 선생님이 정확한 발음으로 운모를 제시하면 아이들이 듣고 해당 단어를 생각해 내는 활동입니다. 그리고 암기 2단계에서 학생들 스스로 모든 파트(운모와 단어 파트)를 암기하도록 지도합니다.

활동 tip ②

챈트 활용 시 두 번째 단락(세 번째 줄과 네 번째 줄)은 운모의 예시로 든 단어가 포함된 문장을 만들어 병음을 좀 더 연습할 수 있도록 구성하였습니다. 의미가 연결되도록 구성하였으나 1차적 학습 목표는 병음 읽기이므로, 이 부분을 학습할 때는 대강의 의미만을 설명하여 해석이나 암기에 부담을 주지 않는 선에서 학습 지도를 합니다.

3교시 **말하기 + 시간** 说一说 +   본책 22쪽

◆ **활동** 선생님이 말하는 장소로 이동하기

본책 22쪽의 단어 뜻을 충분히 익힌 후 다음과 같은 활동을 진행할 수 있습니다.

활동 방법

준비물 장소 단어 카드(수영장, 공원, 문구점, 슈퍼마켓, 놀이공원, 학교 등)

❶ 어떤 장소 단어 카드가 있는지 학생들에게 소개합니다.

❷ 선생님은 단어 카드를 교실 여기저기에 놓아둡니다. 이때 어떤 단어 카드가 어느 곳에 있는지 학생들에게 한 장씩 보여 주며 놓아두어 학생들이 단어 카드의 대강의 위치를 인지할 수 있도록 합니다.

❸ 선생님의 지시에 따라 학생들은 자리에서 일어납니다.

❹ 선생님이 어떤 장소를 중국어로 말한 후 중국어로 1에서 10까지 숫자를 세면, 학생들은 해당 장소 단어 카드가 있는 곳으로 이동합니다. 장소를 이동할 때 학생들이 경쟁적으로 급하게 이동하지 않도록 지도합니다.

참고해 주세요

활동 tip ①

학생들의 상황에 따라 다음과 같이 난이도를 조절할 수 있습니다. 저학년의 경우는 보통 2단계까지 도달할 수 있고, 고학년의 경우는 3단계까지 시도해 볼 수 있습니다.

1단계　선생님이 단어만 제시하고 학생들은 단어만 따라 말하며 이동하기

　　　　예 선생님 超市　학생들 超市

2단계　선생님이 문장으로 제시하고 학생들은 문장을 그대로 따라 말하며 이동하기

　　　　예 선생님 我去超市。　학생들 我去超市。

3단계　기존에 배웠던 다양한 문장을 활용하여 선생님과 학생의 말이 대화문이 되도록 구성하여 이동하기

　　　　예 선생님 你们去超市吧。　학생들 我们去超市。

　　　　　선생님 你们去超市吗?　학생들 我们去超市。

활동 tip ②

학생들의 숫자가 많아서 전체가 움직이는 활동이 부담스러운 경우, 다음과 같이 팀을 나누거나 한 사람씩 이름을 불러 움직이게 할 수 있습니다.

　예1 선생님 A组去超市。　　A조 去超市。

　　　선생님 B组去游泳馆。　B조 去游泳馆。

　예2 선생님 娜娜去超市，彬彬去用泳馆。

　　　나나 我去超市。

　　　삔빈 我去用泳馆。

활동 tip ③

학생들이 자리에서 일어나는 활동은 소란스럽기 마련이고, 여러 명이 동시에 움직이면서 안전사고가 날 가능성이 있기 때문에 반드시 먼저 모든 동작을 멈출 수 있게 하는 정지 신호를 약속하고 활동해야 합니다. 신체를 움직이는 활동을 할 때는 과잉 행동을 불러일으킬 수 있는 대결 구도나 점수를 주는 승패의 활동과 연계시켜 활동하는 것을 가능한 한 배제하는 것이 좋습니다.

제2과 今天几月几号? 오늘은 몇 월 며칠이니?

1교시 말하기 시간 说一说 　　본책 28~29쪽

◆ **스토리텔링**

본책 28~29쪽 도입 시, 다음과 같은 이야기를 들려주며 회화 내용을 소개할 수 있습니다.

삔빈이와 수민이는 놀이터에서 만나 놀다가, 아이스크림을 먹으며 의자에 앉아 잠시 쉬고 있어요. 삔빈이는 문득 오늘 날짜가 궁금해서 수민이에게 물어봤어요. 삔빈이가 "오늘은 몇 월 며칠이니? 今天几月几号?"라고 묻자 수민이가 "오늘은 3월 3일이야. 今天三月三号。"라고 대답했어요.

올해 2학년이 된 삔빈이는 수민이를 1학년 봄에 만났는데, '벌써 수민이와 친구가 된 지 일 년이 다 되어가는구나'라고 생각합니다. 그러다 갑자기 수민이를 처음 만난 날이 수민이의 생일이었던 것이 기억나서 "네 생일이 몇 월 며칠이지? 你的生日几月几号?"라고 수민이에게 물어봤어요. 수민이는 빙그레 웃으며 대답했어요. "내 생일은 3월 4일이야. 我的生日三月四号。" 아, 수민이 생일은 바로 내일인 3월 4일이네요. 여러분의 생일은 몇 월 며칠인가요?

2교시 발음 알기 시간 学拼音 　　본책 32쪽

◆ **발음 챈트**

병음 an en ang eng ong의 음가를 충분히 익힌 후 다음과 같은 챈트를 활용할 수 있습니다.

ān · ān · 三 · ~

ēn · ēn · 人 · ~

āng · āng · 狼 · 狼

ēng · ēng · 冷 · 冷

ōng · ōng · 红, 红 · 红

冷 · 冷的 · 冬 · 天

三个 · 人见 · 三只 · 狼

三个 · 人 · 不敢 · 动

三只 · 狼见 · 三个 · 人

三只 · 狼 · 怒冲 · 冲

본책 34쪽

◆ **활동** 다양한 방법으로 숫자 익히기

본책 34쪽의 10의 자리의 숫자를 익힐 때 다음과 같은 순서로 숫자를 학습할 수 있습니다.

1권에서 1에서 10까지의 숫자를 충분히 익혔다 하더라도, 학생들은 바로 10의 자리 숫자를 말하는 것에는 어려움을 느낄 수 있습니다. 많은 수의 학생들은 "중국어로 숫자 5는?"이라는 질문을 받으면 마음속으로 "이, 얼, 싼, 쓰, 우"를 순서대로 센 후, "우(wǔ)"라고 답하기 때문입니다. 다시 말하면, 학생들은 머릿속에 숫자 1에서 10까지의 정보가 한꺼번에 합쳐져 있어서 35와 같은 10의 자리 숫자를 말하려면 시간이 한참 걸리는 경우가 많다는 뜻입니다. 그러므로 날짜를 학습하려면 다음과 같이 먼저 1의 자리 숫자들을 하나하나 떼어내어 반복하여 확인하는 과정이 필요합니다.

활동 방법

❶ 숫자를 1에서 10까지 중국어로 센다.

❷ 손동작(손으로 표시하는 숫자)과 함께 1에서 10까지 중국어로 센다.

❸ 손동작과 함께 역순으로 10에서 1까지 중국어로 센다.

❹ 숫자 1에서 5까지 중국어로 센 후, 다시 역순으로 5에서 1까지 센다.

❺ 숫자 6에서 10까지 중국어로 센 후, 다시 역순으로 10에서 6까지 센다.

❻ 짝수 홀수의 개념이 정립되어 있다면, 1에서 10까지의 숫자 안에서 먼저 짝수를 중국어로 세어 본 후, 홀수를 세어 본다.

❼ 선생님의 손 숫자를 보고 1초 만에 어떤 숫자인지 바로 중국어로 말한다.

❽ 선생님이 말하는 10의 자리 숫자를 중국어로 말한다.

❾ 선생님이 손 숫자를 보고 10의 자리 숫자를 중국어로 말한다.

❿ 선생님이 일의 자리 숫자 두 개를 제시하면, 그 두 숫자를 더해서 중국어로 말한다.

⓫ 곱셈의 개념을 알고 있다면, 구구단 2단을 중국어로 외워 말한다.

⓬ 구구단 3단을 중국어로 외워 말한다.

⓭ 선생님이 일의 자리 숫자 두 개를 제시하면, 그 두 숫자를 곱해서 중국어로 말한다.

⓮ 선생님이 십의 자리 숫자 두 개를 제시하면 그 숫자를 받아 적고, 더해서 중국어로 말한다.

✦ 참고해 주세요

활동 tip ①
①~⑨의 활동은 꼭 해야 하는 필수 활동이며, 학생들이 10의 자리 숫자를 어느 정도 잘 말하게 된다면 ⑩ 이후의 활동을 추가적으로 고려해 볼 수 있습니다.

활동 tip ②
숫자 활동은 우뇌와 좌뇌를 모두 사용해야 하는 영역이므로 학생들이 쉽게 학습 피로감을 느낄 수 있습니다. 선생님은 이점을 고려하여 학생들에게 학습 부담감을 과도하게 주지 않도록 항상 유의해야 합니다.

제3과 今天星期几? 오늘은 무슨 요일이니?

 본책 40~41쪽

◆ **스토리텔링**

본책 40~41쪽 도입 시, 다음과 같은 이야기를 들려주며 회화 내용을 소개할 수 있습니다.

하림이와 나나가 문구점에서 여러 가지 학용품을 구경하고 있어요. 예쁜 색연필도 있고 귀여운 노트도 있는데, 그 사이에서 다이어리가 눈에 띄네요. 다이어리를 살펴보다가 하림이가 갑자기 무엇인가 생각난 듯 나나에게 물어봐요. "오늘 무슨 요일이야? 今天星期几?"그러자 나나가 "오늘은 월요일이야. 今天星期一。" 라고 대답했어요. 나나가 대답하자, 하림이가 믿을 수 없다는 듯이 다시 물어봤어요. "정말? 是吗?"그러자 나나가 다시 천천히 또박또박 대답했어요. "응. 오늘은 월요일이야. 是, 今天星期一。" 이런! 월요일은 피아노 학원 가는 날인데, 멋진 학용품들에 정신을 팔린 하림이가 피아노 학원 가는 것을 깜빡했네요.

◆ **조별 카드 게임** 일요일은 휴식을 위해 멈춰요

본책 40~41쪽의 회화 내용을 완전히 익힌 후 중국어로 요일을 말할 수 있게 되었다면 다음과 같은 활동을 할 수 있습니다.

활동 방법

준비물 월요일에서 일요일까지의 요일 카드 여러 묶음(교실의 학생 수를 고려하여 준비함)

❶ 학생 4명을 한 조로 구성합니다.

❷ 같은 조의 학생끼리 모여 앉아 가운데에 요일 단어 카드의 뒷면만 보이도록 뒤집어서 쌓아 둡니다. 각 조에 월요일부터 토요일 카드는 각각 두 장씩, 일요일 카드는 한 장씩 분배합니다.

❸ 학생들은 돌아가며 순서대로 가운데 모아 둔 카드 중 맨 위에 있는 카드를 뽑은 후, 앞면으로 다시 뒤집어 자신의 앞에 두고 카드에 적힌 요일을 말합니다.

❹ 일요일 카드를 뽑은 학생이 나올 때까지 카드를 뒤집습니다.

❺ 일요일 카드가 나오면 게임을 멈추고, 일요일 카드를 뽑은 학생은 가지고 있는 카드의 개수와 관계없이 3점, 카드를 많이 가지고 있는 학생들은 2점, 적게 가지고 있는 학생들은 1점씩 게임 점수를 가져갑니다.

❻ 모든 카드를 다시 모아서 처음부터 게임을 다시 시작합니다.

❼ 일정한 시간이 흐르면 선생님의 지도 아래 게임을 끝내고, 그때까지 쌓인 점수를 계산하여 각
조 안에서 게임 등수를 정합니다.

✦ 참고해 주세요

활동 tip ①

자율적인 조별 활동을 어려워하는 저학년 수업 또는 학생 수가 적은 교실의 경우에는 다음과 같이
전체 활동으로 게임을 진행할 수 있습니다.

❶ 모든 학생을 3개의 조로 나눕니다.

❷ 교탁에 카드를 쌓아 둡니다.

❸ 각 조에서 한 명의 조원이 순서대로 앞으로 나와 카드를 뽑아 조원에게 보여 주며 '星期几?'라고
질문하면, 각 조의 모든 조원이 무슨 요일 카드인지 대답합니다.

❹ 조별 활동을 할 때와 같은 방식으로 게임을 진행하되, 점수는 조별로 계산합니다.

2교시 발음 알기 시간 学拼音 　본책 44쪽

◆ 발음 챈트

병음 ia ie in ing의 음가를 충분히 익힌 후 다음과 같은 챈트를 활용할 수 있습니다.

> iā · iā · iā · 家
>
> iē · iē · 姐 · 姐
>
> īn · īn · īn · 金
>
> īng · īng · īng · 瓶
>
>
> 金瓶 · 金瓶 · 我家 · 金瓶
>
> 姐姐 · 买的 · 我家 · 金瓶
>
> 我家 · 金瓶 · 亮晶 · 晶

 제4과 **现在几点?** 지금 몇 시야?

1교시 **말하기 시간** 说一说 　본책 52~53쪽

◆ **스토리텔링**

본책 52~53쪽 도입 시, 다음과 같은 이야기를 들려주며 회화 내용을 소개할 수 있습니다.

딩동댕동! 8시 30분 수업 준비 종이 울려요. 수업은 9시에 시작하지만, 학생들은 8시 30분까지 등교해서 수업 준비를 해야 한다고 담임 선생님께서 늘 말씀하셨어요. 그런데 몇몇의 늦잠꾸러기 친구들은 헐레벌떡 교문 앞에서 교실을 향해 뛰고 있네요. 지각인 줄 알았던 낸시는 같이 열심히 뛰고 있는 하림이를 보고 "지금 몇 시야? **现在几点?**"이라고 물어봐요. 하림이가 대답했어요. "8시 30분이야. **八点三十分。**"

저기 마이클과 뻰빈이도 뛰고 있네요. 마이클도 뻰빈이에게 "지금 몇 시야? **现在几点?**"라고 물어보네요. 뻰빈이가 헉헉 숨을 몰아쉬며 대답해요. "지금은 8시 반이야. **现在八点半。**" 이런 모습을 선생님이 본다면 아마 이렇게 말씀하시겠죠? "지금 몇 시야! **现在几点!**"

2교시 **발음 알기 시간** 学拼音 　본책 56쪽

◆ **발음 챈트**

병음 iao ian iang의 음가를 충분히 익힌 후 다음과 같은 챈트를 활용할 수 있습니다.

iāo · iāo · iāo · 跳

iān · iān · iān · 钱

iāng · iāng · iāng · 羊

想养 · 羊 · 想买 · 羊

喜洋洋地 · 跳 · 去 · 市场

想买 · 羊 · 钱不 · 够

钱不 · 够 · 买不起 · 羊

失 · 望地 · 回家 · 乡

본책 58쪽

◆ **활동** 몸으로 시간을 말해요

본책 58쪽의 내용을 학습한 후, 시간을 중국어로 표현하는 것에 익숙해 졌다면 다음과 같은 활동을 진행할 수 있습니다.

활동 방법

❶ 선생님은 학생 한 명을 교실 앞으로 나오게 합니다.

❷ 선생님은 앉아 있는 학생들은 알 수 없도록 앞으로 나온 학생에게만 시간이 적힌 카드를 보여 줍니다.

❸ 앞으로 나온 학생은 양팔을 뻗으며 들어 올려 시침과 분침을 나타내며 카드에 적힌 시간을 표현합니다. 이때 선생님은 학생들에게 먼저 들어 올리는 손은 시침, 나중에 들어 올리는 손은 분침임을 미리 알려 줍니다.

❹ 앉아 있는 다른 학생들은 발표하는 학생의 동작을 보고 몇 시 몇 분인지 중국어로 대답합니다.

❺ 정답을 말하는 학생이 나오면 선생님은 발표하는 학생에게 보여 주었던 카드를 들어 올려 모든 학생에게 보여 주어 정답을 맞혔음을 확인시켜 줍니다.

참고해 주세요

활동 tip ①
저학년의 경우 원형의 시계 모양에 시침과 분침이 그려져 있는 시간 카드를 만들어 제시합니다. 숫자로만 시간을 제시할 경우, 시침과 분침의 위치를 헷갈려 하는 학생들이 많다는 점에 유의하여 활동을 진행합니다.

제5과 明天是娜娜的生日。
내일은 나나의 생일이야.

 말하기 시간 说一说   본책 64~65쪽

◆ **스토리텔링**

본책 64~65쪽 도입 시, 다음과 같은 이야기를 들려주며 회화 내용을 소개할 수 있습니다.

수민이와 낸시가 서로 만나 대화를 나누고 있어요. 수민이는 오늘이 몇 월 며칠인지 낸시에게 물어봐요. "오늘은 몇 월 며칠이야? 今天几月几号?" 낸시가 "오늘은 8월 7일이야. 今天8月7号。"라고 대답했어요. 벌써 8월이네요. 8월은 여름 방학도 있고, 휴가도 가는 즐거운 달이에요.

아, 맞다! 8월에는 나나 생일이 있었는데! 수민이는 작년 이맘때쯤 갔었던 나나의 생일 파티가 기억났어요. 딸기가 듬뿍 올려진 맛있는 생일 케이크도 먹고, 나나 집에서 기르는 고양이도 같이 놀았던 기억이 나요. 그때 하림이가 선물 상자 안에 스프링 도깨비 인형을 넣어서 나나가 선물 상자를 열어 보고 깜짝 놀랐었는데.

그런데… 나나 생일이… 아, 맞다! 8월 8일이었어요. 나나의 생일을 기억해 낸 수민이는 낸시에게 "내일은 나나 생일이네, 우리 같이 나나네 집에 가서 놀자. 明天是娜娜的生日。我们一起去娜娜家玩儿吧。"라고 말했어요. 그러자 낸시가 "그래 좋아, 내일 몇 시에 가? 好吧。明天几点去?"라고 물었고, "세 시에 가자. 三点去。"라고 수민이가 대답했어요. 수민이와 낸시는 내일 나나에게 줄 깜짝 생일 선물을 준비할 모양이에요.

◆ **활동** 달력 보며 친구의 생일에 대해 말하기

본책 64~65쪽의 회화 내용을 충분히 익힌 후 다음과 같은 활동을 할 수 있습니다.

활동 방법

준비물 올해의 달력(실물 달력 또는 PPT)

❶ 학생들은 자리에서 일어나 교실 안을 돌아다니며 세 명 이상의 친구들에게 생일이 며칠인지 물어보고 기록합니다.

❷ 모든 학생들이 다 기록했다면 제자리에 돌아가 앉고, 선생님은 달력의 날짜를 가리키며 다음과 같은 예문을 들려줍니다.

今天星期〇。
今天〇月〇号
今天是〇〇的生日。
我们一起去〇〇家玩儿吧。

❸ 학생들이 차례로 나와 선생님처럼 기록한 세 명의 친구 중 한 명을 선택해, 친구의 생일에 대해 중국어로 말합니다.

✦ 참고해 주세요

활동 tip ①

학생들의 발표 시간이 길어지면 앉아 있는 학생들의 수업 참여도가 저하될 수 있습니다. 발표 사이사이에 선생님은 누가 누구의 집에 가자고 했는지 학생들에게 우리말로 물어보며, 발표를 잘 듣고 있는지 확인합니다. 모든 학생을 두 개에서 세 개의 팀으로 나누어 답을 올바르게 한 학생이 속해 있는 팀에게 점수를 주는 방식으로 좀 더 수업에 적극적으로 참여하는 분위기를 조성할 수도 있습니다.

활동 tip ②

1학년에게는 다소 어렵게 느껴질 수 있는 활동입니다. 교실의 상황에 따라 수행하는 문장의 개수를 조절하여 난이도를 조절할 수 있습니다.

 제6과 **这是什么?** 이건 뭐야?

 본책 70~71쪽

◆ **스토리텔링**

본책 70~71쪽 도입 시, 다음과 같은 이야기를 들려주며 회화 내용을 소개할 수 있습니다.

나나와 하림이, 마이클은 방과 후에 모여 같이 조별 과제를 하기로 했어요. 이것저것 의논할 것이 많아서 회의한 내용을 적으려고 마이클과 하림이는 노트를 펴는데, 나나는 뭔가 다른 것을 준비한 모양이에요. 나나는 여러 가지 학용품을 모으는 것을 좋아해서 나나의 가방 속에는 정말 다양한 학용품들이 많이 있거든요.

나나가 꺼낸 것을 보고 나나 옆에 앉아 있던 하림이는 **"이건 뭐야? 这是什么?"**라고 물어봤어요. 나나가 대답했어요. **"이건 화이트보드야. 这是白板。"** 이렇게 작은 화이트보드가 있다니! 쓰고 지우는 게 편한 휴대용 화이트보드는 과제할 때 정말 쓸모가 많겠네요.

나나의 건너편에 앉아 있던 마이클이 또 물어봤어요. **"그건 보드 마커야? 那是白板笔吗?"** 나나가 화이트보드에 붙어 있는 연필만 한 미니 보드 마커를 가리키며 대답했어요. **"응, 이건 보드 마커야. 是，这是白板笔。"** 나나의 가방 속에는 또 어떤 학용품이 들어 있을까요?

새 단어 学生词　　본책 72쪽

◆ **활동**　가까운 것은 这, 먼 것은 那

본책 72쪽의 단어 '这'와 '那'를 설명하고 예시 문장을 학습했다면 다음과 같은 활동을 할 수 있습니다.

　활동 방법

❶ '这'는 가까운 곳의 물건을 가리킬 때, '那'는 먼 곳을 가리킬 때 사용하는 말이라는 것을 알려 줍니다.

❷ 학생들이 모두 자리에서 일어나도록 합니다.

❸ 선생님이 '老师，这!'라고 외치면 학생들은 선생님께 살금살금 다가오고, '老师，那!'라고 외치면 선생님에게서 먼 방향으로 살금살금 걸어 멀어지는 활동이라는 것을 학생들에게 설명합니다.

❹ 선생님은 '老师，这!'라고 말하고 적당한 시간이 흐른 후, '停!'이라고 외쳐 학생들 모두 그 자리에서 움직임을 멈추도록 합니다. 그다음 선생님과 제일 가까운 학생이 누구인지 말합니다.

❺ 선생님은 '老师，那!'라고 말하고 적당한 시간이 흐른 후, '停!'이라고 외쳐 학생들 모두 그 자리에서 움직임을 멈추도록 합니다. 그다음 선생님과 제일 먼 학생이 누구인지 말합니다.

❻ '老师，这!'와 '老师，那!'를 반복합니다.

참고해 주세요

활동 tip ①

학생 전체가 일어나는 활동이므로 최대한 친구들과 부딪치지 않고 안전하게 움직일 수 있도록 살금살금 걷는 동작으로만 활동하도록 지도합니다.

활동 tip ②

게임을 어느 정도 진행해서 안전하게 활동할 수 있다는 것을 확인한 후, '老师，这!'라고 말할 때 선생님과 제일 가까운 위치에 있는 학생에게 1점, '老师，那!'라고 말할 때 선생님과 제일 먼 위치에 있는 학생에게 1점의 게임 점수를 주어 게임이 끝난 후 점수를 합산하여 승자를 정할 수 있습니다.

활동 tip ③

선생님 호칭(老师) 대신 학생들의 이름을 한 명씩 불러 호명된 학생은 그 자리에서 멈추고, 다른 학생은 그 학생에게 다가가거나 멀리 갈 수 있도록 지도하는 형식으로 게임을 변형할 수 있습니다. 학생들의 이름을 불러 게임을 진행할 경우에 학생들의 과잉 활동이 발생할 수 있으므로 특히 안전에 유의합니다.

활동 tip ④

'老师，这!', '老师，那!'가 문법적으로 맞는 문장은 아니지만, 추상적인 '这'와 '那'의 개념을 경험적으로 동작화하여 익히게 하는 활동으로 저학년의 학습에 더욱 효과적인 활동입니다.

2교시 발음 알기 시간 学拼音   본책 74쪽

◆ **발음 챈트**

병음 iu(iou) iong er의 음가를 충분히 익힌 후 다음과 같은 챈트를 활용할 수 있습니다.

iū · iū · iū · 九

iōng · iōng · iōng · 熊

ēr · ēr · 耳 · 朵

九只 · 熊 · 一起 · 叫

嗷嗷 · 嗷 · 嗷嗷 · 嗷

耳，耳 · 耳朵 · 嗡嗡的 · ~

 제7과 这是谁的铅笔盒? 이건 누구의 필통이니?

 본책 82~83쪽

◆ **스토리텔링**

본책 82~83쪽 도입 시, 다음과 같은 이야기를 들려주며 회화 내용을 소개할 수 있습니다.

쉬는 시간이에요. 다음 시간은 과학 시간이라서 친구들은 과학실로 이동 수업을 하려고 준비하고 있어요. 과학책을 챙기고 필통도 챙기고 하는데, 수민이가 바닥에 떨어져 있는 필통을 발견하고 주인을 찾아 주려고 물어봤어요. **"이건 누구 필통이니? 这是谁的铅笔盒?"** 라고 수민이가 묻자 **"이건 내 필통이야. 这是我的。"** 라고 나나가 대답했어요.

삔빈이도 책상에 굴러다니는 연필을 발견하고, 책상에 연필을 올려 놓으면서 옆자리 마이클에게 **"이건 네 연필이니? 这是你的铅笔吗?"** 라고 물어봤어요. 삔빈이가 묻자 **"아니 이건 나나 거야. 不是，这是娜娜的。"** 라고 나나 연필임을 알아본 마이클이 대답했어요.

학용품에 관심이 많아서 이것저것 사서 모으기를 좋아하는 나나인데, 관리하기엔 너무 많은 학용품이 아닐까요? 교실 여기저기 나나의 학용품이 떨어져 있네요. 여러분도 나나처럼 예쁘고 신기한 학용품을 좋아하나요?

◆ 발음 챈트

병음 ua uai uan uang의 음가를 충분히 익힌 후 다음과 같은 챈트를 활용할 수 있습니다.

uā · uā · uā · 花

uāi · uāi · uāi · 快

uān · uān · uān · 酸

uāng · uāng · uāng · 黄

什么 · 酸? · 柠檬 · 酸

柠檬 · 酸, · 柠檬 · 黄

什么 · 黄? · 菊花 · 黄

快来 · 闻闻 · 菊花 · 香

 말하기+ 시간 본책 88쪽

◆ 활동 누구의 물건인지 찾아주세요

본책 88쪽의 표현을 충분히 학습한 후 다음과 같은 활동을 할 수 있습니다.

【활동 방법】

❶ 학생들은 자신의 학용품 중 하나를 선생님에게 제출합니다. 이때 물건의 주인이 누구인지 물건의 주인 본인과 선생님 외의 다른 학생들은 알 수 없도록 합니다.

❷ 교탁 위에 학생들의 물건을 늘어놓고 다음과 같은 대화를 나누며, 누구의 물건인지 알아맞히도록 합니다.

선생님 谁的手机?   학생들 ○○的手机。

선생님 谁的书?   학생들 □□的书。

❸ 본책 88쪽의 단어들과 일치하는 물건부터 시작해서, 중국어로 이름을 배우지 않은 다른 학용품을 말하는 방향으로 학습하여 학습 난이도를 조절할 수 있습니다.

활동 tip ①

상자를 이용하여 활동해 볼 수 있습니다. 상자 안에 학생들의 물건을 넣고, 상자 안에서 물건을 하나씩 빼며 같은 형식으로 활동을 진행하면 흥미를 더욱 높일 수 있습니다.

활동 tip ②

좀 더 난도를 높이는 활동을 하고 싶다면 말하기 시간에 배운 '这', '那'를 복습하며 다음과 같이 완전한 문장의 형식으로 대화를 나누며 학습할 수 있습니다.

물건과 가까이 있는 선생님 这是谁的手机?
물건과 멀리 있는 학생 那是○○的手机。
물건과 가까이 있는 학생 这是○○的手机。

 제8과 我的袜子在哪儿? 제 양말 어디 있어요?

 본책 94~95쪽

◆ **스토리텔링**

본책 94~95쪽 도입 시, 다음과 같은 이야기를 들려주며 회화 내용을 소개할 수 있습니다.

아침 8시, 나나네 집은 모두 외출 준비로 정신이 없어요. 엄마는 출근 준비를 하고 계시고 나나는 등교 준비를 하고 있어요. 아빠는 유치원에 다니는 나나 동생의 등원 준비를 돕고 있어요. 나나는 가방을 챙긴 후 신발을 신으려고 했는데, 아니, 양말을 깜빡 잊고 안 신은 것이 아니겠어요? 나나는 급하게 엄마께 여쭤봅니다. "엄마, 제 양말 어디있어요? 妈妈, 我的袜子在哪儿?" 엄마는 그럴 줄 알았다는 표정으로 고개를 흔드시며, 준비한 듯이 양말을 들고서 말씀하셨어요. "여기 있어. 在这儿。"

아, 그런데 운동화는 어디 있는 거죠? 오늘은 체육 수업이 있어서 운동화가 꼭 필요한데 말이죠. 나나는 아빠께 다급히 여쭤봤어요. "아빠, 제 운동화 어디 있어요? 爸爸, 我的运动鞋在哪儿?" 아빠가 건조대 위에 있는 운동화를 가리키며 "저기 있네. 在那儿。"라고 말씀하셨어요. 아… 참, 어제 운동화를 빨아서 널어 놨는데, 다 말랐겠죠?

새 단어 学生词

본책 96쪽

◆ **활동** 양말은 어디에 있나요?

본책 96쪽의 새 단어의 의미를 모두 알고, 새 단어를 활용하여 말하기의 내용을 모두 해석해 본 후 다음과 같은 활동을 할 수 있습니다.

활동 방법

준비물 큰 종이컵 세 개, 아기 양말(또는 양말 그림 카드)

❶ 선생님은 교탁 위에 세 개의 종이컵을 뒤집어서 놓습니다.

❷ 그중 하나의 컵 속에 양말을 넣습니다.

❸ 세 개의 컵의 위치를 여러 번 바꿔 양말이 어느 컵 속에 있는지 알기 어렵게 한 후 다음과 같이 학생들과 대화합니다.

    선생님 我的袜子在哪儿?
    학생들 (손가락으로 양말 있는 컵을 가리키며) 在那儿!
    선생님 (컵을 들어 올리며) 啊，在这儿!

❹ 같은 과정을 여러 번 반복합니다.

✦참고해 주세요

활동 tip ①
활동이 익숙해지면 선생님 대신 학생들이 한 명씩 나와서 컵을 섞는 활동을 하도록 하여, 학생들이 질문 문장(我的袜子在哪儿?)을 좀 더 연습할 수 있도록 지도할 수 있습니다.

활동 tip ②
학생의 수가 많아 종이컵의 크기가 교구로서 작게 느껴진다면, 두꺼운 도화지로 고깔을 만들어 종이컵 대신 활용할 수 있습니다.

2교시 발음 알기 시간 学拼音

본책 98쪽

◆ **발음 챈트**

병음 ui un uo의 음가를 충분히 익힌 후 다음과 같은 챈트를 활용할 수 있습니다.

uī · uī · uī · 贵

ūn · ūn · ūn · 困

uō · uō · uō · 我

我是 · 一只 · 珍贵的 · 乌龟

我每 · 天 · 一动 · 不动

我每 · 天 · 困困地 · 想睡

3교시 **말하기＋시간** 说一说＋ 본책 100쪽

◆ **활동** 우리 가족이 어디에 있는지 말해요

본책 100쪽을 충분히 학습하여 표현을 모두 익힌 후에 다음과 같은 활동을 할 수 있습니다. 선생님은 가족 구성원이 각 집 안의 어느 장소에 어디에 있는지, 연달아 네 개 정도의 문장을 한꺼번에 들려준 후 질문합니다.

예 선생님 妈妈在客厅。爸爸在厨房。弟弟在洗手间。姐姐在卧室。妈妈在哪儿?
학생들 妈妈在客厅。

다음과 같이 장소를 바꿔 가며 질문합니다.

예 선생님 爸爸在客厅。妈妈在洗手间。弟弟在卧室。姐姐在厨房。弟弟在哪儿?
학생들 弟弟在卧室。

참고해 주세요

활동 tip ①
저학년의 경우 집 안을 나타낸 그림 교구와 가족의 얼굴 그림을 만들어 가족의 얼굴을 집 안의 장소에 붙여 말한 후, 동일한 방법으로 활동을 진행할 수 있습니다.

활동 tip ②
고학년의 경우 여러 개의 문장 카드를 준비하여 문장을 같이 읽어 본 후 동일한 방법으로 활동을 진행할 수 있습니다.

제9과 那是彩虹。 저건 무지개야.

◆ **스토리텔링**

본책 106~107쪽 도입 시, 다음과 같은 이야기를 들려주며 회화 내용을 소개할 수 있습니다.

일요일 오전 내내 비가 내렸는데 오후에는 날이 맑게 개었어요. 활짝 갠 날씨가 반가워서 수민이와 뻰빈이는 같이 킥보드를 타기로 했어요. 약속 장소인 놀이터 근처에 도착했을 때, 놀이터에 있는 아이들이 멀리 하늘을 보고 있는 것을 발견했어요. 아이들의 시선을 따라가 보니, 하늘 위에 떠 있는 무지개가 보이네요.

"저기 봐, 저건 뭐지? 你看, 那是什么?"라고 수민이가 뻰빈이에게 묻자 "저건 무지개잖아. 那是彩虹。"이라고 뻰빈이가 대답했어요. 수민이는 중얼거리듯 말했어요. "빨, 주, 노, 초, 파, 남, 보 红橙黄绿蓝靛紫。" 그러고는 감탄하듯 말했어요. "와, 정말 예쁘다! 哇, 真好看!"

친한 친구끼리 아름다운 경치를 감상하면 더 예쁘게 보이는 것 같아요. 사람이나 물건이 정말 아름답고 멋지게 보일 때, "真好看!"이라고 말해요.

◆ **활동** 무지개 색의 순서대로 말해요

본책 106~107쪽의 회화를 충분히 익힌 후 다음과 같은 활동을 할 수 있습니다.

활동 방법

준비물 빨강, 주황, 노랑, 초록, 파랑, 남색, 보라 카드

❶ 선생님은 7명의 학생들에게 한 장씩 색깔 카드를 나누어 줍니다.

❷ 학생들은 자신이 받은 색깔 카드가 어떤 색인지 확인한 후 중국어로 어떻게 말하는지 생각해 봅니다.

❸ 선생님이 '那是什么?'라고 말하면 카드를 받은 학생들은 카드를 들고 무지개 순서대로, '红! 橙! 黄! 绿! 蓝! 靛! 紫!'라고 외치며 자리에서 일어납니다.

❹ 카드를 받지 않은 나머지 학생들은 '那是彩虹!'이라고 말합니다.

활동 tip ①

활동이 익숙해지면 선생님은 색깔의 순서를 바꿔 말하며 다음의 예시와 같이 활동할 수 있습니다.

예1 선생님이 紫, 靛이라고 말하면 보라색과 남색 카드를 가진 학생들은 선생님이 말한 순서대로 일어서며 자신의 색깔을 말합니다.

예2 선생님이 橙, 红, 绿, 黄이라고 말하면 해당 색깔 카드를 가진 학생들은 선생님이 말한 순서대로 일어서며 자신의 색깔을 말합니다.

색깔의 개수를 1개에서 7개까지 늘려가며 난이도를 조절할 수 있습니다.

2교시 **발음 알기 시간** 学拼音 본책 110쪽

◆ **발음 챈트**

병음 ün üan üe의 음가를 충분히 익힌 후 다음과 같은 챈트를 활용할 수 있습니다.

ǖn · ǖn · 云

ǖān · ǖān · 远

ǖē · ǖē · 月

远 · 远的 · 云朵

圆 · 圆的 · 月亮

亮 · 亮的 · 太阳

제10과 真的是你的。 정말 네 거야.

◆ **스토리텔링**

본책 118~119쪽 도입 시, 다음과 같은 이야기를 들려주며 회화 내용을 소개할 수 있습니다.

방과 후에 친구들과 모여 즐겁게 놀고 난 후, 집으로 돌아가는 길이었어요. 낸시를 따라 하림이가 잰걸음으로 다가오더니 불쑥 낸시에게 선물 상자를 내밀며 **"내가 너에게 주는 거야. 我给你。"**라고 말했어요. **"이게 뭐야? 这是什么?"** 깜짝 놀라며 낸시가 묻자 **"이건 네 생일 선물이야. 这是你的生日礼物。"**라고 하림이가 대답했어요.

오늘이 낸시 생일인 줄 하림이가 어떻게 알았을까요? 사실 낸시는 부끄러워서 오늘이 생일이라는 것을 친구들에게 말하지 않았거든요. **"와, 정말 내 거야? 哇! 真的是我的吗?"** 믿기지 않는다는 듯 낸시가 물어봤어요. **"하하, 정말 네 거지. 哈哈! 真的是你的。"** 하림이는 웃으며 대답했어요. 그 자리에서 선물 상자를 열어 본 낸시가 말했어요. **"빨간색 필통 너무 예쁘다. 红色的铅笔盒真好看。"** 하림이의 깜짝 생일 선물, 낸시는 정말 감동했겠죠?

◆ **활동** 메모리 게임

10과를 모두 학습하고 6과에서 9과까지 복습했다면 추가로 다음과 같은 활동을 할 수 있습니다.

활동 방법

준비물 2권에서 배웠던 '물건'으로 분류할 수 있는 단어 카드(교실 안의 물건들, 학용품 등등)

저학년의 경우 다음과 같은 활동이 적합합니다.

❶ 선생님은 학생들에게 단어 카드를 읽어 준 후 단어 카드의 뒷면이 보이도록 칠판에 붙여 놓습니다.

❷ 모든 단어 카드를 다 붙인 뒤 특정한 단어 카드를 가리키며 학생들에게 '这是什么?'라고 물어봅니다.

❸ 학생들은 '这是＿＿＿。' 문장을 활용해 정답을 말합니다.

❹ 선생님은 '我给你。'라고 말하며 정답을 맞힌 학생에게 카드를 줍니다.

❺ 모든 카드를 나누어 주었다면 누가 몇 장의 카드를 가지고 있는지 확인하여 게임 점수를 계산합니다.

3학년 이상의 경우 다음과 같은 활동을 진행할 수 있습니다.

❶ 선생님이 단어 카드를 읽어 주며, 학생들에게 카드를 한 장씩 나눠 줍니다.

❷ 학생들은 자신이 받은 카드를 다른 학생이 볼 수 없도록 책상 위에 뒤집어 놓습니다.

❸ 모든 학생들에게 카드를 한 장씩 다 나누어 준 후, 선생님이 학생 한 명(학생 A)을 지목합니다. 학생 한 명이 자리에서 일어나 앉아 있는 다른 한 명의 학생(학생 B)을 선택해 그 학생에게 다가갑니다. 그런 다음 학생 A는 학생 B가 가지고 있는 카드를 가리키며 '这是我的＿＿＿。'라고 말합니다.

❹ 만약 학생 B가 가지고 있는 카드가 학생 A가 말한 문장과 일치한다면, 학생 B는 '这是你的 ＿＿＿。'라고 말하며 학생 A에게 해당 카드를 줍니다. 학생 A는 그 카드를 들고 자리에 돌아옵니다. 학생 A가 말한 문장과 카드의 내용이 일치하지 않으면 학생 A는 빈손으로 자리에 돌아옵니다.

❺ 모든 학생이 차례대로 돌아가며 자리에서 일어나 다른 학생의 카드를 가져옵니다.

❻ 모든 학생이 한 번씩 일어나 다른 사람의 카드가 무엇인지 말해 보았다면 게임 진행을 멈추고, 누가 몇 장의 카드를 가지고 있는지 확인하여 게임 점수를 계산합니다.

✦참고해 주세요

활동 tip ①

학생들이 카드를 서로 뺏고 뺏기는 활동을 할 때, 이것은 학습의 한 과정일 뿐임을 강조하여 학생들이 서로 마음 상하는 일이 없도록 지도합니다.

교수 학습 지도안 작성

교수 학습 계획서 작성 시 각 란에 다음을 참고하여 기록합니다.

목록	내용		예시
수업자	수업 담당 선생님의 이름		김○○
일시	수업하는 날짜와 시간		2023년 3월 3일
대상	수업 받는 대상의 학년		2학년
장소	수업이 이루어지는 교실		• 중국어 교실 • 2학년 2반 교실
단원	교재의 단원과 그 제목		제1과 你去哪儿?
차시	'차시'란 하나의 단원을 몇 번으로 나누어 진행하는지 보여 주는 횟수를 말합니다. 예를 들어 1/4차시는 1단원 수업을 네 번에 걸쳐 진행하며, 그중 첫 번째 수업이라는 뜻입니다.		• 1/4차시 • 2/5차시
주제	해당 단원을 포괄할 수 있는 내용인지 유의하며 작성합니다. '~하기'의 형식으로 기입합니다.		장소와 관련된 중국어 표현 알기
학습 목표	이번 차시를 통해 학생들이 성취할 수 있는 학습 내용을 말합니다. '~ 할 수 있다.'의 형식으로 기입합니다.		어떤 장소에 가는지 중국어로 묻고 답할 수 있다.
학습 자료	『우리학교 어린이 중국어 2』에서 학습할 내용의 제목과 페이지		말하기 시간, 새 단어 16~18쪽
교수-학습 활동	도입	인사, 지난 차시 복습, 해당 차시 학습 목표 제시, 학습을 위한 동기 유발 활동 등을 제시합니다.	
	전개	학습의 흐름에 맞게 일련의 활동을 제시합니다. 학습 전개 활동을 마무리 했을 때, 학생의 입장에서 학습 목표를 성취할 수 있는지, 성취하는데 학습 부담감은 크지 않았는지를 충분히 고려 한 후 일련의 전개 활동을 계획합니다.	
	정리	해당 차시의 학습 목표가 잘 이루어졌는지 확인하는 일련의 학습 활동을 말합니다.	• 배운 표현 말하기 • 간단한 문제 풀이
시간	'창의 체험 활동'은 40분을, '방과 후 학습'은 50분을 1교시로 합니다. 도입+전개+정리가 각각 총 40분과 50분이 되도록 시간을 안배합니다.		
자료 및 유의점	수업에 필요한 교구 및 준비물 또는 수업 시 주의 사항(안전, 활동 방법, 문제 발생 시 예방책 등)을 기입합니다.		

교수 학습 지도안(예시)

방과 후 학교 교육 활동 (중국어)부

수업자	김 ○○	일시	2023년 3월 ○일 3교시(10:40~11:20)	대상	2학년
				장소	2학년 ○반

단원	제1과 你去哪儿?	차시	1/4차시

주제	어디에 가는지 묻고 답하기

학습 목표	중국어로 어떤 장소에 가는지 묻고 답할 수 있다.

학습 자료	교재 『우리학교 어린이 중국어 2』의 말하기 시간, 새 단어(16~18쪽)

단계	교수 – 학습 활동	시간	자료 및 유의점
도입	**1 전 차시 복습** ● 『우리학교 어린이 중국어 1』의 10과에서 학습한 내용을 확인한다. **2 이번 차시의 학습 내용 소개** ● 떠오르는 장소 단어를 우리말로 발표해 보도록 한다. ● 나는 _____에 가요.'를 중국어로 어떻게 말하는지 알아볼 것임을 안내한다.	5분	
전개	**1 문장을 따라서 말해 보기(스토리텔링)** ● 학생들에게 본문 속 등장인물들이 어떤 이야기를 나누고 있는지 상상해 보도록 안내하고 이야기를 나눠 본다. 📢 낸시와 마이클은 무슨 이야기를 하고 있을까요? 　두 여학생들은 어디에 가는 걸까요? **2 본문 학습(1): '나는 _____에 가요.' (본책 16쪽)** ● '我去+장소'의 뜻을 알려 주고 '我去+한국어 이름 장소' 문장 구조로 워밍업을 한다. 📢 我去+학교 / 我去+학원 / 我去+슈퍼 등 ● 학생들마다 원하는 장소를 넣어 '我去+한국어 장소' 문장을 발표하는 시간을 갖는다. ● 장소 단어 중 본문에 제시된 '图书馆'을 소개하고 '我去图书馆。'을 학습한다. (한국어 발음과 유사해 학습 부담이 낮음) **3 본문 학습(2): '너는 어디 가니?' (본책 16쪽)** ● '你去哪儿?' 문장을 학습한다. ● '去'와 '哪儿'의 발음이 어려울 수 있으므로 여러 번 따라 하도록 지도한다.	30분	다양한 장소 사진 또는 이미지 去 qù 哪儿 nǎr

	● 옆자리 혹은 짝을 지정해 '你去哪儿?'과 '我去图书馆。'을 묻고 답하는 시간을 제공한다. **4 본문 학습(3) : '쟤들은 학원에 가.' (본책 17쪽)** ● 1권에서 학습한 '她'가 다시 등장했음을 상기시켜 주고 왜 '们'과 함께 나왔는지 이야기해 본다. ● '她们去哪儿?', '她们去补习班。'을 함께 읽고 연습한다. ● '补习班'이 무슨 뜻일지 생각해 보게 하고, 새 단어 부분에서 자세히 다룬다. **5 새 단어 학습 (본책 18쪽)** ● 앞서 학습한 문장을 떠올리며 문장 속 단어들의 뜻을 살펴본다. ● 활동 : 　(1) 그림 보여 주고 어울리는 중국어 단어 찾기 　(2) 한국어 뜻 보여 주고 어울리는 중국어 단어 찾기		*们에 대해 자세한 설명보다는 여러 명이 있을 때 붙여준다고 간단히 언급한다. 단어 카드
정리	**1 학습 내용 정리** ● 이번 차시에서 학습한 장소 단어 '图书馆', '补习班'을 확인한다. ● '너는 어디 가니?', '나는 도서관에 가.'를 중국어로 말할 수 있는지 확인한다. **2 다음 차시 예고** ● 다음 시간에 학습할 챈트(19쪽)를 미리 들려준다. ● 학생들과 인사 후 수업을 마무리한다.	5분	챈트 음원

교수 학습 지도안(예시)

방과 후 학교 교육 활동 (중국어)부

수업자	김 ○○	일시	2023년 3월 ○일 3교시(10:40~11:20)	대상	2학년
				장소	2학년 ○반
단원	제1과 你去哪儿?			차시	2/4차시
주제	어디에 가는지 묻고 답하기				
학습 목표	본문 챈트를 암기하고, 운모 ai ei ao ou를 읽을 수 있다.				
학습 자료	교재 『우리학교 어린이 중국어 2』의 중국어 챈트, 발음 알기 시간, 발음 연습(19~21쪽)				

단계	교수－학습 활동	시간	자료 및 유의점
도입	**1 전 차시 복습** • '너는 어디 가니?', "나는 도서관에 가.'를 중국어로 말할 수 있는지 확인한다. • 단어를 보고 뜻을 말할 수 있는지 확인한다. **2 이번 차시의 학습 내용 소개** • 오늘 학습할 챈트와 운모 ai ei ao ou를 소개한다.	5분	
전개	**1 챈트 학습 (본책 19쪽)** • 준비해 둔 챈트 음원 파일을 들려주고 학생들이 챈트 리듬에 익숙해질 수 있도록 한다. • 한 줄씩 따라 읽으며 챈트를 익힌다. • 챈트에 익숙해졌다면 학생들과 상의 후 단어마다 동작을 정해 율동처럼 진행한다. 　㉠ 去는 팔을 앞뒤로 흔드는 동작 　　哪儿은 손차양 모양을 하고 몸을 좌우로 두리번거리는 동작 **2 말하기 확인 학습 (본책 16~17쪽)** • 챈트를 통해 암기한 회화문을 교사의 지시에 따라 일상생활 말투로 친구와 대화해 볼 수 있도록 한다. **3 발음 학습 (본책 20쪽)** • 학생들에게 발음 음원 파일을 들려주고 운모 ai ei ao ou 발음을 연습해 본다. (음원 대신 교사의 발음도 가능) • 각각의 발음 설명에 유의하며 학생들이 자연스럽게 발음을 익힐 수 있도록 유도한다. • 해당 발음이 들어간 단어를 읽을 때는 성조에 유의하며 발음할 수 있도록 지도한다.	30분	챈트 음원 *손차양 : 　햇볕을 가리듯 이마에 손을 대는 모습 발음 음원

	4 운모 발음 연습 활동 • '아이엠 그라운드' 게임을 활용해 발음 연습을 진행한다. • 교사가 'ai 3번'하면 학생들은 박자에 맞춰 "박수 ai ai ai"라고 한다. • 교사가 'ou 2번'하면 학생들은 박자에 맞춰 "박수 박수 ou ou"라고 한다. **5 발음 쓰기 (본책 21쪽)** • 학생들이 교재 속 회색 글자를 따라 쓰며 발음도 함께 할 수 있도록 한다. • 학습자의 연령 또는 상태에 따라 쓰는 횟수를 다양하게 제공한다. 　**예** 두 번만 예쁘게 쓰기 　　다 쓴 사람은 한 번 더 쓰기		*아이엠 그라운드(4박자 게임): 다리(치기) – 박수 – 왼손(엄지) – 오른손(엄지) 순으로 리듬을 타며 정해진 단어를 말하는 게임이다.
정리	**1 학습 내용 정리** • 이번 차시에서 학습한 챈트를 확인한다. • 운모 ai ei ao ou를 발음할 수 있는지 확인한다. **2 다음 차시 예고** • 도서관, 학원 외에 다양한 장소 단어를 배울 것임을 예고한다. • 학생들과 인사 후 수업을 마무리한다.	5분	

교수 학습 지도안(예시)

수업자	김 ○○	일시	2023년 3월 ○일 3교시(10:40~11:20)	대상	2학년
				장소	2학년 ○반
단원	제1과 你去哪儿?			차시	3/4차시
주제	어디에 가는지 묻고 답하기				
학습 목표	다양한 장소 단어를 활용해 어디 가는지 묻고 답할 수 있다.				
학습 자료	교재『우리학교 어린이 중국어 2』의 말하기 플러스 시간, 문제 풀이 시간(22~23쪽)				

단계	교수 – 학습 활동	시간	자료 및 유의점
도입	**1 전 차시 복습** • 지난 차시에 학습한 챈트를 다 같이 불러본다. • 운모 ai ei ao ou 발음을 확인한다. **2 이번 차시의 학습 내용 소개** • 교재에 제시된 다양한 장소 단어를 소개한다. 　⑩ 공원, 문구점, 슈퍼마켓, 놀이공원, 학교, 수영장	5분	
전개	**1 장소 단어 학습 (본책 22쪽)** • 교재 속 6개의 장소 단어를 학습한다. 　(학습자의 수준에 따라 단어를 선정해 학습 부담을 줄일 수도 　있다.) **2 장소 단어 맞추기 활동** • 장소와 관련된 다양한 이미지를 준비하고 학생들에게 제시 후 　어떤 장소인지 맞추는 활동을 진행한다. 　⑩ 수영장 – 물안경, 수영복 등의 이미지 제시 　　학교 – 교실 모습, 칠판, 선생님 등의 이미지 제시 **3 장소 단어 빙고 활동** • 6개 장소 단어+图书馆+补习班 포함 총 8개 단어를 활용한 　빙고 게임을 진행한다.	30분	단어 카드나 관련 이미지 * 1차원적인 단어 카드 외에 PPT나 사진 자료를 활용하면 수업이 훨씬 풍성해질 수 있다.

	*빙고 게임 방법 ① 9개의 칸으로 나눠진 빙고판을 준비한다. ② 한 칸에 장소 단어 하나씩 '한국어'로 적도록 한다. ③ 남은 한 칸에는 8개의 단어 중 원하는 단어 하나를 중복으로 적도록 한다. (해당 단어가 불리면 2개 체크 가능) ④ 교사는 '중국어'로 장소 단어를 불러주고, 학생들은 자신의 빙고판에 해당 단어를 찾아 표시한다. ⑤ 가로, 세로, 대각선 관계 없이 세 줄을 완성하면 빙고! **4 문장 말하기 연습** ● 앞서 본문에서 학습한 '你去哪儿?', '我去+장소.' 구문을 상기시켜주고 이번 차시에서 학습한 단어를 활용해 문장 말하기 연습을 진행한다. ● 교사가 '你去哪儿?'이라고 물으면 학생이 '我去+장소.'라고 대답한다. (혹은 학생들끼리 묻고 대답할 수 있다.) **5 연습 문제 (본책 23쪽)** ● 1과에서 학습한 내용을 바탕으로 문제 풀어보는 시간을 갖는다. ● 문제 1번) 학습자의 학습 수준에 따라 '정답 운모 위에 성조를 표기해 보는 활동'도 추가로 제시할 수 있다. ● 문제 3번) 학습자의 학습 수준에 따라 '문제에 제시된 한자를 따라 쓰는 활동'도 추가로 제시할 수 있다.		9개의 칸이 있는 빙고판
정리	**1 학습 내용 정리** ● 오늘 학습한 장소 단어 6개를 확인한다. ● 6개의 단어 중 하나를 골라 '我去+장소.'를 말할 수 있는지 확인한다. **2 다음 차시 예고** ● 다음 시간에 학습할 내용을 간단히 소개한다. ● 학생들과 인사 후 수업을 마무리한다.	5분	

교수 학습 지도안(예시)

수업자	김 ○○	일시	2023년 3월 ○일 3교시(10:40~11:20)	대상	2학년
				장소	2학년 ○반
단원	제1과 你去哪儿?			차시	4/4차시
주제	어디에 가는지 묻고 답하기				
학습 목표	놀이를 통해 2과 내용을 확인하고, 한자 '去'와 중국의 지도를 알 수 있다.				
학습 자료	교재『우리학교 어린이 중국어 2』의 쓰기 시간, 함께 놀아요, 함께 읽어요(24~26쪽)				

단계	교수 – 학습 활동	시간	자료 및 유의점
도입	**1 전 차시 복습** ● 지난 시간에 학습한 장소 단어와 '我去+장소' 문장을 확인한다. **2 이번 차시의 학습 내용 소개** ● 장소 표현을 활용한 땅따먹기 놀이, 한자 '去'와 중국 지도는 어떤 동물을 닮았는지 살펴볼 것임을 안내한다.	5분	
전개	**1 한자 去 학습 (본책 24쪽)** ● 소개 글을 보기 전 '去'의 글자 변화가 담긴 그림을 보며 학생들과 함께 이야기를 나눠 본다. ● 교재 속 '去'의 유래와 뜻을 살펴본다. ● 한자 쓰기 : '去'의 필순에 유의하며 쓸 수 있도록 안내한다. **2 땅따먹기 놀이 (본책 25쪽)** ● 129쪽 활동 자료에 있는 땅따먹기 판을 준비하도록 한다. ● 자리 배치, 제비뽑기 등의 방법을 활용해 함께 게임을 진행할 짝을 정한다. ● 학생마다 자신의 '말'로 사용할 물건을 정한다. ● 학생 A가 '你去哪儿?'이라고 묻고 학생 B는 말판 위, 자신이 가고 싶은 곳을 고른 후 '我去_____。'하고 말하며 자신의 말을 손가락으로 튕긴다. ● 말이 원하는 장소에 멈추면 자신의 땅이 되고, 실패하면 상대 친구에게 기회가 넘어간다. ● 주어진 시간 동안 가장 많은 땅을 가진 학생이 승리!	30분	교재 부록의 말판 학생마다 '말'로 사용할 물건

	3 중국 문화 알기 (본책 26쪽)		한국 지도 이미지 또는 사진 (호랑이 모양과 비슷한 이미지)
	• 1과에서 장소 관련 표현을 학습한 것과 연계하여 '중국'이라는 장소를 잘 보여줄 수 있는 '중국 지도'에 대해 살펴보는 시간을 갖는다.		
	• 한국 지도를 보여주며 어떤 동물의 모양을 닮았는지 학생들과 이야기를 나눠 본다.		중국 지도 이미지 또는 사진 (수탉의 모양과 비슷한 이미지)
	• 중국 지도는 어떤 동물을 닮았는지, 지도의 어떤 부분과 수탉의 어떤 부분이 비슷한지에 대해 이야기를 나눠 본다.		
정리	**1 학습 내용 정리**	5분	
	• 한자 '去'의 뜻은 무엇인지 말해 본다.		
	• 중국 지도는 어떤 동물을 닮았다고 하는지 확인한다.		
	2 다음 차시 예고		
	• 다음 수업은 몇 월 며칠에 진행하는지 물어보고, 중국어로 날짜 표현을 배울 것임을 예고한다.		
	• 학생들과 인사 후 수업을 마무리한다.		

우리학교 어린이 중국어

우리학교 어린이 중국어

우리학교 어린이 중국어 1·2 통합 교사용 지도서

지은이 신소라, 형순화, 김미선
펴낸이 정규도
펴낸곳 (주)다락원

초판 1쇄 발행 2023년 5월 16일

기획·편집 김혜민, 이상윤
디자인 박나래
조판 최영란
일러스트 주세영, 연두, 혜마

다락원 경기도 파주시 문발로 211
전화 (02)736-2031 (내선 250~252 / 내선 430~431)
팩스 (02)732-2037
출판등록 1977년 9월 16일 제406-2008-000007호

ISBN 978-89-277-2319-6 14720
     978-89-277-2318-9 (set)

www.darakwon.co.kr
다락원 홈페이지를 방문하시면 상세한 출판 정보와 함께 동영상 강좌, MP3 자료 등
다양한 어학 정보를 얻으실 수 있습니다.